Martin Sage

Lebe deinen Traum!

Das Erfolgsgeheimnis von:
»What to do with the rest of your life«™

Herausgegeben von Hans Christian Meiser

Deutsche Fassung: Sybille Brantl

Besuchen Sie uns im Internet: www-droemer-knaur.de
Alle Titel aus dem Bereich MensSana finden Sie im Internet
unter www.knaur-mens-sana.de

Vollständige Taschenbuchausgabe September 2006

Copyright © 2004 Knaur Verlag
Ein Unternehmen der Droemerschen Verlagsanstalt
Th. Knaur Nachf. GmbH & Co. KG, München
Alle Rechte vorbehalten. Das Werk darf – auch teilweise – nur
mit Genehmigung des Verlages wiedergegeben werden.
Umschlaggestaltung: ZERO Werbeagentur, München
Umschlagabbildung: FinePic, München
Druck und Bindung: GGP Media GmbH, Pößneck
Printed in Germany
ISBN-13: 978-3-426-87293-2
ISBN-10: 3-426-87293-5

2 4 5 3 1

Inhalt

Vorwort 13
   Die Intention des Buches 13
   Ich über mich 15
   Zu diesem Buch 30
   Wie Sie das Beste aus diesem Buch
      herausholen können 32

TEIL I:
DIE VERTREIBUNG AUS DEM PARADIES 33

**Was Sie über Ihr gegenwärtiges Leben
wissen sollten.** 35
   Die Wirklichkeit als Mysterium 35
   Ihr Lebensnetz 36
   Die zweidimensionale Welt im Kopf........... 38
   Vom Sinn des Lebens...................... 39

Sie sind nicht der Mensch, für den Sie sich halten. ... 43
   Die Illusion vom Ich und seiner Authentizität 43
   Dies Bildnis ist bezaubernd schön:
      der sich selbst verwirklichende Mensch 46
   Soziale Maskenspiele: die Welt als Karneval...... 51
   Die ganze Welt ist eine Bühne. Von nützlichen
      und schädlichen Rollenspielen. Von Haupt-
      darstellern und Zuschauern 54

Die drei Realitäten, in denen Sie leben 59
   Sie, ganz nackt. Was Sie waren, bevor Sie
      vorgaben, irgendjemand zu sein 59

    Welche Federn Sie anlegen, um in der Welt
       Ihr stolzes Pfauenrad zu schlagen 60
    Filmriss: Ihr ganz privates Kopfkino 62
    Der zerstörerische Bösewicht in Ihrem
       Leben. 63

Schattenspiele 65
    Was der unerlöste Tiger in Ihnen anstellt 65
    Zwei Studien in Fanatismus oder: der ganz
       alltägliche Wahnsinn 66
    Die Natur des falschen Lammes 68

Die Doppelnatur des Menschen 71
    Das Paradox von Tiger und Lamm 71
    Das Baumgleichnis 71

Wie Sie geboren wurden und wohin
Ihr Weg Sie führte 75
    Die Landkarte 76
    Abstieg und Fall: die Vertreibung
       aus dem Paradies 79
    Der Pfad des geringsten Widerstandes 88
    Die Einrichtung im Irgendwie 90

TEIL II: IN DER HÖHLE 93

Eine Sondierung des Terrains 95
    Das Höhlengleichnis 95
    Die Landkarte für die Höhle 97

Welt im Kopf – die Stadien des zweidimensionalen
Bewusstseins in der Höhle. 99

Inhalt

Auf dem Grund der Höhle: Depression 99
   Des Pudels Kern: einige unbequeme Wahrheiten
      über das wahre Wesen der Depression 100
   Kein (Er-)Lösungsweg: das trügerische
      Prinzip Hoffnung 103
   Wege aus der Depression 105

Das schwarze Gift: Melancholie 113
   Die Morgendämmerung des Melancholikers:
      Optimismus ist erlernbar................. 118
   Die drei Wahlmöglichkeiten im Leben 121

Das Salzsäulen-Syndrom:
innere und äußere Erstarrung 121
   Das Geheimnis der zwei Lebensalter und eine
      Formel für ein glückliches Leben 122
   Die Waffen des Weinerlichen 123
   Die Umkehr: der Weg hinaus aus Sodom
      und Gomorrha 128

Herzschmerz, Liebeschaos und Melodrama:
Traurigkeit 130
   Eine kurze Anatomie der Traurigkeit 132
   Das Romeo-und-Julia-Syndrom oder: die
      Katastrophen der romantischen Liebe 134
   Jenseits der Liebe als Krankheit:
      die Segnungen der bedingungslosen Liebe ... 136
   Der unermessliche Schatz tiefer Bindungen 137
   Au revoir, tristesse! 137
   Die Formel für den verlässlichsten Weg
      zum Glück 139

Auf der Bühne des Wettbewerbs und
der Machtspiele: Ärger 139
   Das Problem von Kontrolle und Autorität 140

Die sieben Phasen des Teufelskreises aus Ärger .. 141
Wege aus der Ärger-Falle 143

Ein Leben in Sehnsucht nach Morpheus' Armen:
Erschöpfung 145
   Hinter Erschöpfung schlummert immer eine
      Bedrohung 146
   Unterdrückte Sexualität als Ursache chronischer
      Erschöpfung 147
   So wecken Sie Ihre Lebensgeister 147

Die letzte und schwerste Hürde vor einem Ausleben
Ihrer Träume: Ängstlichkeit 148
   Auslöser der Ängstlichkeit 149
   Eine kurze Entwicklungsgeschichte der Angst ... 150
   Was sich hinter Erfolgsangst verbirgt 151
   Der Zusammenhang von Ängstlichkeit und
      Glaubenssätzen 152
   Die Angst, das Unbekannte und der Tod 153
   Strategien gegen die Ängstlichkeit 155

Die Befreiung aus der Höhle 157
   Im Zwischenreich zwischen der Welt
      des Schmerzes und der Welt der Freude 157
   Ihr rettender Begleiter: der Neugier-Faktor 158
   Der große Sturm: die entscheidende Krise vor
      einem Leben Ihrer Träume 161
   Die Konfrontation mit den beiden Wächter-
      figuren Angst und Wut 163
   In Freiheit 168
   Die drei magischen Helfer: Selbsterkenntnis,
      Mission und Transformation 168

TEIL III:
DAS WIEDERGEWONNENE PARADIES 173

Das neu erwachte Bewusstsein 175
   Die dreidimensionale Wahrnehmung 175
   Die vierte Dimension 175

Der Aufbruch ins Unbekannte 177
   Eine Reise ins Vergnügen 177
   Die Landkarte für das wiedergewonnene Paradies 178

**Die sieben Stufen des Unbekannten –
der Pfad zu einem Leben Ihrer Träume** 179

Vertrauen – die Eintrittskarte in eine
schöne neue Welt 179
   Geborgen im Leben: ein völlig neues
      Körpergefühl erfahren 182
   Den Reichtum wahren Verbundenseins
      mit anderen Menschen erleben 183

Leidenschaft – im Reich der Sinne
und der Sinnlichkeit 185
   Im Fluss mit dem großen Strom: Sexualität
      und Begehren 186
   Die heilende Kraft: Berührung 188
   Ein Bedürfnis macht Schule:
      die Vergnügungsindustrie 191

Begeisterung – die Kunst des Selbstausdrucks
und die Folgen 191
   Die Erfahrung wahrer Zugehörigkeit 192
   Schmetterlinge im Bauch oder: die
      Verschwisterung von Begeisterung und Furcht .. 194

Das Ende der Kontrolle und der Ritt
  auf der Woge des Wandels 195
Zur Ortung des bisher zurückgelegten Weges –
  eine Zwischenbilanz 196

Glücksgefühle – reine Herzenssache 198
  Liebe ist der Naturzustand des Menschen 199
  Wie Sie den Magnetismus des Herzens wieder
    herstellen können und für immer ein
    offenes Herz behalten 200
  Von der Selbstliebe und dem kostbaren Pfad
    der Einsamkeit 202
  Das Kommunikationsmuster des Herzens:
    bedingungslose Liebe, gepaart mit positiver
    Aggression 203
  Erschaffen Sie sich das Herz eines Siegers 204
  Widerstand zwecklos – Amor und Fortuna
    sind Ihnen auf den Fersen 206
  Die Quelle der Liebe sind immer Sie selbst 208

Enthusiasmus – das Füllhorn des Lebens erfahren 208
  Gespielter und echter Enthusiasmus 209
  Das Kommunikationsmuster des Enthusiasmus:
    die Anerkennung anderer 211
  Die Kunst des Dialogs – wie Sie die Brillanz in
    anderen Menschen wecken 211
  Schwelgen Sie im Überfluss und bereichern
    Sie andere. 212
  Wo Sie jetzt stehen – eine Würdigung des
    bisher Erreichten. 213
  Feiern Sie Erntedank 214

Inspiration – von der göttlichen Natur
des Menschen 215
   Für das Leben gibt es keine Generalprobe –
   vom Wesen der Wirklichkeit................. 215
   Die Geburt Ihres Genius und die Vision
      Ihres Lebens 217
   Auf dem Gipfel der Klarheit................. 219
   Das Leben – eine göttliche Komödie 220

Innerer Frieden – die große Freiheit 222
   Zur Anatomie von Gipfelerlebnissen 223
   Wie Sie zu innerem Frieden finden 224
   Synchronizität – wo der Zufall endet
   und das Wunder beginnt 225
   Werde, der du bist 226
   Die schwarzen Löcher unseres Erinnerungs-
   vermögens 227
   Vom Reichtum des Chaos................... 228

**Selbstverwirklichung: das Leben als ein einziger
wunderbarer Traum** 231
   Ein letzter Blick auf die Landkarte............ 232
   Transzendenz – jenseits der Begrenztheit
   durch Raum und Zeit 233
   Wie Sie den kreativen Fluss bewahren können .. 235
   Vierdimensionale Wahrnehmung............. 236
   Kurzer Rückblick auf das Thema Leid 237

Schlussbemerkung 239

Vorwort

Die Intention des Buches

Einige von Ihnen werden mich bereits kennen. Andere noch nicht. Deshalb darf ich mich zuerst einmal vorstellen: Mein Name ist Martin Sage. Ich bin Architekt. Aber keiner von Häusern. Sondern ein Architekt des Lebens. Was das ist? Lassen Sie es mich an einem Beispiel erklären:
Ich baute ein Haus in Texas. Es sah aus wie eine Schachtel. Und als ich mehr Räume brauchte, fügte ich einfach mehrere Schachteln hinzu. Diese Schachteln waren zwar ganz nett, aber sehr langweilig. Weil ich den billigsten Architekten fand, der nur das tat, was ich ihm sagte. Sein Honorar betrug 300 Dollar.
Jetzt bereite ich den Bau neuer Häuser vor. Und heuerte einen Top-Architekten an. Er designte für mich etwas, das ich mir niemals auch nur im Entferntesten hätte vorstellen können – zwei Häuser, die schon auf dem Papier wahre Kunstwerke sind.
Das Haus, in dem Sie wohnen, ist wichtig. Aber das Leben, das Sie leben, ist noch wichtiger. Deshalb die Frage: Führen Sie das Leben, das Sie sich wünschen? Verwirklichen Sie Ihre Träume? Ist Ihr derzeitiger Beruf eine Herausforderung für Sie? Spricht er Ihre Talente an oder ist er nur ein Mittel für Sie, um Geld zu verdienen? Und wie steht es mit Ihrem Verhältnis zu Ihren Mitmenschen? Haben Sie den Partner und die Freunde, die Sie sich wünschen? Und was wollen Sie mit dem Rest Ihres Lebens anfangen?
Ich kenne viele wunderbare, hoch begabte Menschen, die ein schrecklich langweiliges Leben führen. Ein Leben mit

einem denkbar schlechten Design. Woran das liegt? Die meisten Menschen warten auf das große Ereignis, den einzigartigen Augenblick, der ihr Leben verändern wird. Doch das Geheimnis des Lebens besteht eben darin, dass dieses große Ereignis nicht eintreffen wird. Wenn Sie ein wirklich großartiges Leben führen wollen, müssen Sie es sich selbst erschaffen. Und ich werde Ihnen dabei helfen. Mit dem Kauf dieses Buches haben Sie sich dafür entschieden, Design in Ihr Leben zu bringen.

Ein Leben zu gestalten ist viel komplexer, als ein Haus zu bauen. Um zu einem erfüllten, glücklichen Leben zu finden, müssen Sie auf jeder Ebene Ihr bisheriges Denken aufgeben, weil es von Angst und Wut gesteuert ist. Und diese beiden Emotionen bestimmen alle Ihre Entscheidungen.

Außerdem haben Sie eine vorgefasste Meinung, wie das Leben sein sollte und wer Sie sind. Das Problem ist aber, dass dieses Bild nicht Ihrem Wesen entspricht. Ihr Wesen ist das, was Sie in Ihrem innersten Kern sind, Ihre Essenz – das, was Sie waren, bevor Sie vorgaben, irgendjemand zu sein. Ihre Essenz ist das Einzigartige, Unverwechselbare, Individuelle, das es nur einmal auf dieser Welt gibt. Das sind Sie! In Ihrer Essenz liegt Ihre Bestimmung und Berufung. Der geheime Schlüssel zu Ihrer Lebensaufgabe. Die Einmaligkeit Ihrer Begabung, Ihr inneres Genie. Dorthin werde ich Sie führen. Denn hier beginnt das Design Ihres Lebens.

Mit meiner Methode habe ich in Amerika, Europa und Asien Zigtausende Menschen zu einem erfüllten Leben mit innerem wie äußerem Reichtum geführt. Nicht zuletzt auch mich selbst. Damit Sie wissen, wer Sie dabei unterstützt, das Design Ihres Lebens zu finden, erzähle ich Ihnen kurz meine eigene Geschichte. Wie ich wurde, der ich bin.

Ich über mich

Glückliche Anfänge

Meine frühe Kindheit verbrachte ich auf der Farm meiner Großeltern im Staat New York. Meine Großfamilie lebte in der näheren Umgebung. Wir melkten unsere Kühe von Hand. Mein Großvater gab sich bärbeißig und schroff, war aber im Kern liebevoll und freundlich. Seine Ahnen stammten aus Wales. Er brachte mir bei, wie man einen gezielten Strahl aus dem Euter einer Kuh auf die Katzen richten konnte, die sich sofort aufrecht hinsetzten und die warme Milch direkt aus der Luft tranken. Im Garten hatten wir ein Plumpsklo.

Ich wurde 1951 geboren – nur wenige Jahre nachdem mein Großvater sein Maultier und seinen alten eisernen Pflug gegen einen kleinen Ford-Traktor ausgetauscht hatte. Er war froh, das Tier los zu sein. Denn es war niemals gesund. Damit es urinieren konnte, musste mein Großvater Wasser von einem großen Holztrog in einen anderen gießen – so lange, bis der Klang des fließenden Wassers die Anspannung des Maultiers so weit löste, dass es seine Blase entleeren konnte. Als mein Großvater aufwuchs, waren Pferde nur etwas für die Reichen. Doch er lebte lange genug, um in einem Großraumjet zu fliegen und die Mondlandung des Menschen im Fernsehen zu sehen.

Unser einfaches Leben erfüllte mich mit Seligkeit. Stundenlang wanderte ich allein über die Felder, stellte mir eine magische Welt mit mystischen Begleitern und voller wunderbarer Abenteuer vor. Jeder Baum verströmte die Aura eines einzigartigen Seins. Die Natur erschien mir erfüllt zu sein mit Bewusstsein, und es war mir, als ob ich ein Summen vernähme, so als wolle sie mir etwas mitteilen, als ob sie mit mir direkt verbunden wäre.

Sobald ich die Sprache der Menschen verstehen konnte, wurde ich zutiefst neugierig auf die geheimnisvollen Verbindungen zwischen ihnen. Die Männer arbeiteten draußen in der Scheune oder auf dem Feld. Die Frauen im Haupthaus und Garten. Sie pflanzten Obst und Gemüse, ernteten es und weckten es ein. Ich richtete meine ganze Aufmerksamkeit auf den Unterschied zwischen der Welt der Männer und jener der Frauen. Während die Männer über ihre Arbeit redeten, sprachen die Frauen ausführlich über andere Leute, über deren Familien, die Charaktere jedes Einzelnen. Beide Welten faszinierten mich. Noch bevor ich irgendetwas über mich selbst wusste oder was einmal aus mir werden sollte, erkannte ich, dass ich es über alles liebte, die faszinierende Welt der Menschen zu beobachten. Diese frühe Neugier, die menschliche Natur zu erforschen, sollte mein Leben bestimmen und die Grundlage für meine spätere Karriere werden.

Eine Saat, die meine geliebte Großmutter in mir aufkeimen ließ. Eine weise Frau von tiefer Lebensklugheit und großer Toleranz, die mich sehr geprägt hat. Sie war dänisch-deutscher Abstammung und redete gern in Sprichwörtern. »Je mehr du dich beeilst, desto langsamer wirst du«, pflegte sie etwa zu sagen, wenn ihr die Aufgaben des Haushalts über den Kopf zu wachsen drohten. Allein die Wäsche zu besorgen nahm zwei Tage in Anspruch. Außerdem liebte sie es, zu lesen. Das Haus war voller faszinierender Bücher. Friedvolle Stille breitete sich aus, während sie sich in ihre Lektüre vertiefte.

Meine Mutter stammte also zwar aus einer Familie armer Farmer, wuchs aber mit viel Liebe und in Sicherheit auf. Ihr saß der Schalk im Nacken, und sie war vernarrt in Abenteuer. Mit 18 verliebte sie sich in einen Seemann. Seine fesche weiße Uniform und seine strahlenden Augen beflügelten ihre Phantasie. Doch nach der Hoch-

zeit musste sie feststellen, dass er ein ernsthaftes Alkoholproblem hatte. Bis heute kann ich mich nicht an sein Gesicht erinnern. Nur an seine vage Anwesenheit, wenn er vor seiner Flasche saß. Sein natürlicher Charme verlor sich dabei mehr und mehr in dumpfem Brüten. Er vertrank sein gesamtes Einkommen und blieb die meiste Zeit von zu Hause weg.
Eines Tages fand ich meine Mutter in entsetzlicher Wut vor. Sie kniete vor unserem alten Ben-Franklin-Holzofen, den wir zum Kochen benutzten, und verbrannte Vaters Kleider darin. Auch das wunderschöne Modellsegelboot, das er gebaut hatte, fiel dem Fraß der Flammen zum Opfer. Mein Vater hatte uns verlassen. Meine Familie war zerbrochen. Und was noch schlimmer war: Wir verließen meine geliebte Farm, das Zauberreich meiner Kindheit. Meine Mutter zog mit mir, meinem jüngeren Bruder und meiner neugeborenen Schwester in die Stadt.

Die andere Seite des Lebens

Das Leben in der Stadt war vollkommen anders. Obwohl Elmira im Staat New York nur eine Kleinstadt war, kam sie mir riesig, steril und feindlich vor. Die Menschen blieben in ihren Häusern. Man grüßte sich nicht. Doch der Verlust unserer Verbindung mit der Natur und die eisige Anonymität waren bei weitem noch nicht das Schlimmste: Meine Mutter hatte Existenz bedrohende materielle Kämpfe auszustehen. Sie arbeitete in einer Fabrik. Ihr Job war schwierig und langweilig. Außerdem war ihr Chef hinter ihr her. Nach einem langen Arbeitstag kam sie nach Hause und weinte. Ich war ihr einziger Vertrauter. Ein Freund erzählte ihr von der Sozialhilfe. Ihre Berechnungen ergaben, dass sie damit nur wenige Dollar pro Monat verlor. Sie gab nach. Doch Sozialhilfe anzunehmen brach

ihr das Rückgrat. Ihr Feuer erlosch. Und sie hörte auf zu kämpfen.
Nach ein paar Monaten heiratete sie wieder. Mein Stiefvater trank zu viel. Das machte ihn gewalttätig. Er schlug meine Mutter und auch uns Kinder. Eine Serie trostloser Umzüge in immer schäbigere Viertel folgte. Obendrein bedrohten uns ständig gefährliche Straßengangs.
Zuerst zog ich mich immer mehr in mich selbst zurück und fand meinen einzigen Trost in Büchern. Doch dann schloss ich Freundschaft mit den bösen Jungs aus der Nachbarschaft. Sie waren schließlich die Einzigen, die mir zeigen konnten, wie man überlebte. Wir benahmen uns wie starke, unbezwingbare Helden, die nichts umwerfen konnte. Im Inneren aber waren wir nur verängstigte Kinder. Viele meiner damaligen Freunde waren aus Heimen entlaufen, viele kamen um oder endeten im Gefängnis.
Wer die Armut verherrlicht, hat sie nicht selbst erlebt. Auf der Farm meiner Großeltern waren wir zwar auch arm gewesen. Aber an Essen hatte es uns nie gefehlt. Jetzt lebten wir von der Stütze. Und das Geld war nach wenigen Tagen verbraucht. Ich lernte, was es heißt, Hunger zu leiden. Meine Mutter wurde depressiv. Oft blieb sie morgens einfach im Bett liegen, unfähig, es mit ihrem gegenwärtigen Leben aufzunehmen. Meine Eltern fochten immer erbittertere Kämpfe. Und ich gewann zunehmend das Gefühl, dass irgendetwas furchtbar falsch gelaufen war. Angst wurde mein ständiger Begleiter. Ich litt unter Magenschmerzen und saß nachts allein auf meiner Bettkante mit dem Gefühl eines tobenden Messers im Bauch. Mein Leben war außer Kontrolle geraten. Ich fürchtete, verrückt zu werden. Als ich in meine private Hölle hinabstieg, erschien es mir gleichzeitig wichtig, mich normal zu verhalten, um meinen wahren inneren Terror zu verbergen.
Dabei ist meine Geschichte in keiner Weise einzigartig. Gut, es mag Millionen von Kindern geben, die dies nicht

erleben mussten. Andererseits gibt es noch mehr Millionen von Kindern, die an Hunger sterben oder in Kriegsgebieten leben. Trotz unserer harten Lage fühlte ich mich damals wie jemand, der irgendwie noch glücklich davongekommen war. Ich hatte meine Bücher. Sie gaben mir immerhin eine Perspektive. Unzähligen Menschen ging es noch weitaus schlechter als mir. Diese Zeit war hart. Aber tief in mir trug ich das Gefühl, dass das Schicksal mich für etwas Gutes ausersehen hatte. Ein Teil von mir glaubte fest daran, dass all diese Erfahrungen mir geschickt wurden, um ein stärkerer, kraftvoller Mensch zu werden.

Meine tiefste Demütigung jener Tage war meine Freundschaft mit einem Klassenkameraden aus einem besseren Stadtviertel. Ich wollte so sehr zu seiner Welt gehören, die mir als Ausdruck von Ordnung und Normalität erschien. Seine Freunde hassten mich, aber er gehörte zu jenen wunderbaren Menschen, die andere nicht nach ihren Lebensumständen beurteilen.

Doch eines Tages fand ich in der Bibliothek eine Zeitung, auf deren Titelseite ein Leitartikel prangte, der die schrecklichen Slumbedingungen unseres Viertels beschrieb; die völlig unzureichenden sanitären Bedingungen und Fälle von Hepatitis, die bald die ganze Stadt bedrohen würden. Der Verfasser behauptete, wir lebten in Dreck und Verwahrlosung. Das Titelfoto zeigte ein völlig heruntergekommenes Haus mit einem liegen gebliebenen, uralten Autowrack davor. Es war unser Haus. Es war unser Auto. Wir waren bereits damals Ausgestoßene. Doch jetzt sollte alles noch schlimmer kommen. Ich zog mich von meinem Freund zurück und mied ihn aus Scham. Ich fühlte mich so schrecklich, dass ich verschwinden, mich in Luft auflösen wollte. Dabei hatte ich gerade erst mein 14. Lebensjahr erreicht. Und mich zu einem harten kleinen, halb kriminellen Kerl entwickelt, der einen undurchdringlichen Panzer trug.

Im Schutzraum der Kirche

Dann geschah etwas Außerordentliches. Meine Mutter, der ständigen Schläge und Bedrohungen meines Stiefvaters müde, besuchte mit uns Kindern meinen Onkel. Er war der einzige Mensch, der sich nicht vor meinem Stiefvater fürchtete. Und auch auf meine mühsam aufgebaute Fassade des starken Jungen fiel er nicht herein. »Es wird immer irgendjemanden geben, der stärker ist als du. Lern auf dich selbst aufzupassen, aber begib dich nicht unnötig in Schwierigkeiten«, sagte er unbeeindruckt. Um mir dann einen sonntäglichen Kirchgang in seiner Baptistengemeinde vorzuschlagen. Eine Idee, die mir völlig blödsinnig vorkam. Aber ein Nein war nicht erlaubt.

Während des Gottesdienstes spürte ich, wie plötzlich tief in mir etwas erwachte, das sich gut und sicher anfühlte. Das Gefühl wurde zur Gewissheit: Dies war der Ort, an den ich gehörte. Nach der Messe ging ich deshalb zum Pfarrer: »Ich möchte werden, was Sie sind. Ich habe keine andere Wahl.«

Er nahm mich ernst und übergab mir eine Klasse seiner Sonntagsschule, in der ich kleinen Jungen die Heilige Schrift lehren sollte. Bis dahin hatte ich noch kein einziges Wort der Bibel gelesen. Doch mein neu erwachter Glaube entflammte meine Vorstellungskraft und vermittelte mir das Gefühl, dass das Leben eine Bedeutung haben könnte.

Die folgende Zeit war wunderbar: Ich folgte dem Strom der Liebe dieser kleinen Gemeinde und widmete mein Leben meiner Liebe und meinem Dienst an Gott. Erst viel später begriff ich, dass Gott Liebe ist und dass ich als Halbwüchsiger damit begonnen hatte, das Göttliche in jedem einzelnen Menschen zu erkennen. Wenn ich die Menschen durch die Augen von Christus betrachtete, verwandelte sich die Welt von einem Furcht erregenden

Ort in einen Hort, den ich lieben und dem ich dienen konnte. Die Diakone wurden meine Ersatzväter, und die Religion besänftigte meine Seele. Sie brachte Ordnung in mein Leben und gab mir meine längst vergessene Freude zurück. Ich hatte eine neue Familie, in der ich nichts falsch machen konnte. Die Liebe Gottes verzieh alles. Und als Antwort darauf verströmte ich meine Liebe.
Mit 18, im Herbst 1969, verließ ich meine kleine dörfliche Kirchenfamilie, um ins Priesterseminar zu gehen. Doch dort sollte ich eine herbe Enttäuschung erleben: Ich begegnete zum ersten Mal Christen, die politisch eingefärbt waren. Die Botschaft der Liebe wurde ersetzt durch eine Botschaft der Furcht, der Sünde und der Schuld. Mit diesem Druck versprachen sich die Priester einen größeren Einfluss auf ihre Gemeinden und eine höhere Opferbereitschaft ihrer Mitglieder. Ich fühlte mich getäuscht.
Einsamkeit wurde zu meinem bestimmenden Lebensgefühl. Das Zölibat allein war schon schlimm genug. Der Verzicht schürte nur die Flammen des Begehrens. Insgeheim fürchtete ich, dass ich nicht lange genug leben würde, um jemals in den Armen einer Frau liegen zu können. Mit 21 begann ich schließlich, um eine Frau zu werben. Ihr Name war Elizabeth. Wir heirateten und zogen in ein winziges Apartment.

Im Fegefeuer zwischen Wissenschaft und Religion

Ich begann zusätzlich Psychologie zu studieren. Doch schon bald sollten Wissenschaft und Theologie in meinem Geist einen erbitterten Krieg ausfechten. Schließlich hatte ich es satt, die Theorie der Evolution zu ignorieren, nur weil sie theologischen Glaubenssätzen widersprach. Religion und Wissenschaft schienen sich gegenseitig auszuschließen. Ich suchte nach der Freiheit neuer Perspektiven. Also stellte ich meine theologischen Seminare zurück, um das Leben aus einer stärker humanistischen Sichtweise zu betrachten. Diese Entscheidung war nicht leicht. Es bedurfte einer langen Zeit der Seelenerforschung, bevor ich wagte, meine eigene Sichtweise herauszufinden. Aber diese bewusste Wahl wurde zu einem weiteren Wendepunkt in meinem Leben. Es war nicht länger mein Traum, Priester zu werden. Nun begann ich darüber nachzudenken, was aus dem Rest meines Lebens werden sollte.

Die Würfel fürs Erste gefallen

Ich blieb bei der Psychologie. In ihr sah ich eine Möglichkeit, anderen Menschen zu helfen und gleichzeitig meine eigene schwierige Vergangenheit aufzuarbeiten. Zudem lernte ich nach und nach, die Polarität zwischen Wissenschaft und Religion in mein Denken zu integrieren und von dem Paradox zweier sich widersprechender Glaubenssysteme zu profitieren.
1973 machte ich meinen B.A. im Fach Psychologie und schrieb mich für ein Magisterstudium an der Middle Tennessee State Universität ein. Ich liebte Freud, C. G. Jung und Adler. Doch die Arbeit von Abraham Maslow faszinierte mich am meisten. Als ich seine Darstellung über das selbst verwirklichte Individuum las, wusste ich, dass ich die Mission meines Lebens gefunden hatte. Der Begriff Selbstverwirklichung bezeichnet den Wunsch des Menschen, zu einem Wesen heranzureifen, das all seine Potenziale verwirklicht. Genau das wollte ich. Ich schwor mir, zu wachsen. All das zu werden, was ich sein könnte. Und nahm ein Doktorat an der University of Southern Mississippi auf.

Zu jenem Zeitpunkt entwickelten sich Elizabeth und ich bereits in verschiedene Richtungen. Dennoch zogen wir gemeinsam nach Hattisburg. Um mein Studium zu finanzieren, verrichtete ich die verschiedensten Jobs. Auf diese Weise lernte ich die Welt der Arbeiter kennen. Wir wurden meistens wie Dreck behandelt. Dennoch klammerten wir uns alle an unsere meist stupiden Verrichtungen und fürchteten nichts mehr, als unsere Jobs zu verlieren. Zu meinem Schrecken wurde mir bewusst, dass meine Kollegen so den Rest ihres Lebens verbringen würden.

In der Höhle

Ich war so beschäftigt mit meiner Doppelbelastung aus Studium und Geldverdienen, dass ich nicht bemerkte, wie es um mich stand. Stress war zu meinem ständigen Begleiter geworden, ich fühlte mich dauernd erschöpft. Während ich meinen Geist mit immer mehr Wissen befrachtete, hatte ich meine Neugier verloren. Auch von der Natur, die in meiner Kindheit eine so wichtige Rolle gespielt hatte, fühlte ich mich gänzlich abgeschnitten. Der Druck wuchs ständig, und meine Dauererschöpfung wandelte sich in Verdruss. Ich verlor den Glauben an mich selbst und an das Gute im Leben. Dabei hielt ich mich immer noch für einen Menschen, der von Liebe und Freude erfüllt war. Doch das akademische Denken und Erklären hatte meinem Leben jede Bedeutung und Wärme geraubt. Mein Selbstwertgefühl schwand und mit ihm all die Werte, an die ich bis dahin geglaubt hatte. Es war an der Zeit, eigenständig zu denken und meine eigene Ethik zu entwickeln. Doch darin sollte ich kläglich scheitern.
Elizabeth und ich hatten uns inzwischen so weit auseinander gelebt, dass sie mich um ihre Freiheit bat.

Wir gingen als gute Freunde auseinander. Trotzdem beschleunigte unsere Trennung meinen psychischen Abstieg in eine dunkle Höhle. Tiefe Traurigkeit überkam mich. Melancholie und Depression folgten. Angst durchtränkte alle meine Poren. Doch je mehr ich gegen sie anzukämpfen versuchte, desto dumpfer fühlte ich mich. Meine Sinne stumpften immer mehr ab. Gleichzeitig beobachtete ich meinen Abstieg wie ein Insektenforscher. In meinen dunkelsten Momenten machte ich Aufzeichnungen, suchte meinen Pfad hinab auf den Grund der Höhle, die immer mehr zu meiner Hölle werden sollte, nachzuzeichnen, beschrieb meinen Weg durch die immer düsterer werdenden Reiche von Angst zu Furcht, von Müdigkeit zu Verdruss, von Traurigkeit zu Anspannung, von Melancholie bis zuletzt in die Depression. Ich versuchte eine Landkarte anzufertigen, die es mir und später auch anderen Menschen ermöglichen sollte, den Aufstieg aus den Reichen der Dunkelheit hin zum Licht zu finden. Ich wollte meine Lebendigkeit wieder finden. Was sollte nur aus dem Rest meines Lebens werden?

Die wirkliche Welt

In dieser Verfassung begann ich 1975 als Psychotherapeut an einer psychiatrischen Klinik in Beaumont, Texas, zu arbeiten. Beaumont war zwar nicht gerade das Ende der Welt. Doch man konnte es von dort aus sehen. Die Stadt lag in einer topfebenen Landschaft, die mit zahllosen Ölraffinerien und rauchenden Fabrikschloten gesprenkelt und von einer ewigen Dunstglocke überwölbt war. Das Grundwasser schmeckte nach Petroleum. Der größte Teil meiner Arbeit drehte sich um zerbrochene Familien. Der Schmerz meiner Klienten schien meinen eigenen Schmerz widerzuspiegeln. In Windeseile stieg ich in die Mittelklasse auf, zu der ich während meiner ganzen Kindheit so sehnlich gehören wollte. Nur um durch einen Nebel von Langeweile und Verzweiflung zu erkennen, dass es erfolgreichen Menschen genauso miserabel ging wie den Armen. Die Neugier, die ich als Kind so intensiv gefühlt hatte, schien in der Welt der Erwachsenen nicht zu existieren. Leben hieß Leiden, war ein monochromes Gemälde in öden Grauschattierungen, nur hie und da durchsetzt von flüchtigen Farbspritzern aus bescheidenen Freuden. Und die Stabilität, die ich mir so dringend gewünscht hatte, erstickte meine Lebendigkeit. Schon bald erkannte ich die Grenzen eines festen Einkommens. Und in meinem Haus am Stadtrand fühlte ich mich wie in einem Gefängnis. Wieder einmal fragte ich mich, was aus dem Rest meines Lebens werden würde.

Der Riss in meinem Weltbild

In dem transpersonalen Psychiater Dr. Harry Hermon fand ich einen Mentor, der mir den Weg aus der Höhle weisen sollte. Dr. Hermon war russischer Jude. Das ganze Klinikkollegium hielt ihn für verrückt und unterstellte ihm, mit Gehirnwäsche zu arbeiten. Ärgerlich war nur, dass seine Patienten überraschend schnell geheilt wurden, während wir anderen kaum nennbare Erfolge erzielten. Über ihn kursierten die unmöglichsten Gerüchte. Dass er sexuelle Orgien feiere und eine seiner Geliebten mit dem berühmten Gestalttherapeuten Fritz Perls teile. Physisch erinnerte er mich an Pan, den phallischen Gott der griechischen Mythologie. Selbstverständlich verabscheute ich ihn auch.
Doch er schien sein besonderes Vergnügen gerade darin zu finden, ausgerechnet mich unentwegt zu demütigen.

Über meine klinischen Diagnosen lachte er einfach lauthals. Er brachte mich immer mehr in Rage, bis ich ihn vor dem versammelten Kollegium, das ganz auf meiner Seite stand, fertig zu machen versuchte. Doch je mehr ich mich in meine Wut und meinen Hass steigerte, desto heiterer wurde er. Was mich zur Weißglut brachte.

Dann geschah etwas Seltsames: Vor meinen Augen begann sich das Gesicht Dr. Hermons zu verwandeln. In seinen Zügen, die mir bis dahin Zynismus, Sarkasmus und Verantwortungslosigkeit zu spiegeln schienen, sah ich nun Unschuld, kindliche Neugier, Freude, Leidenschaft und Weisheit. Ich war völlig verwirrt und fühlte mich schrecklich, diesem Mann so sehr Unrecht getan zu haben. Doch er zeigte sich großzügig: »Bevor Sie Ihr Spiegelbild in einem See erkennen können, müssen Sie erst einmal die Wogen glätten.« Seine Worte trafen mich ins Mark: Ich hatte meinen Schatten, meine eigenen schlechten Eigenschaften, auf ihn übertragen.

Ich konnte mir nicht mehr länger etwas vormachen. Die Geschichte, die ich mir bisher über mich selbst erzählt hatte, war faul: Ich war in keiner Weise der nette Typ, für den ich mich immer gehalten hatte. Schlagartig erkannte ich, dass ich mein bisheriges Leben lang nur versucht hatte, anderen Menschen zu gefallen und es ihnen recht zu machen. Die Rollen, die ich auf der Bühne des Lebens spielte, hatten nichts mit meinem innersten Wesen zu tun. Selbstverständlich war ich auch kein Psychotherapeut. Wie ich in diesen Beruf gelangt war, wurde mir völlig unbegreiflich. Dr. Hermon hatte mir meine soziale Maske heruntergerissen. Und mir gleichzeitig einen Spalt geöffnet, durch den ich auf mein innerstes Wesen, auf meine Essenz, blicken konnte. Dr. Hermon regte mich dazu an, ich selbst zu sein – gleichgültig, was dabei herauskommen würde. Und ich musste akzeptieren, dass ich mich von nun an in eine unerwartete Richtung ent-

wickeln würde. In eine Realität, die nicht durch meine biographische Vergangenheit bestimmt sein würde.
Ich gab meine Promotion auf. Sie war mir plötzlich nicht mehr wichtig. Stattdessen begann ich, mich mehr und mehr für das Feld der unbegrenzten Möglichkeiten menschlicher Entwicklungsfähigkeit zu interessieren. Ich wurde Dr. Hermons Schüler. In ihm war ich dem ersten Menschen begegnet, der die Theorie der humanistischen Psychologie Abraham Maslows im Vollsinn verkörperte. Dr. Hermon war genau jener selbst verwirklichte Mensch, den Maslow in seinem Werk beschrieb: Er war lebendiger und verfügte über eine höhere Wahrnehmung als ein Durchschnittsmensch. Dennoch war auch er nicht frei von Fehlern, die wir alle machen. Doch selbst verwirklichte Menschen schafften es oft, zu Meilensteinen in der Geschichte der Menschheit zu werden. Wie Picasso oder Einstein. Davon hatte ich immer geträumt. Sollte aus dem Rest meines Lebens doch noch etwas werden?

Zu Gast in alternativen Wirklichkeiten

Durch Dr. Hermon lernte ich meinen zweiten Mentor kennen. »Mein Name ist Martin Brofman. Ich bin Heiler«, stellte er sich vor. Da er mir auf Anhieb sehr sympathisch war, versuchte ich, meine Skepsis zu verbergen. Heiler passten nicht in mein Weltbild. Ich konnte in ihnen nichts anderes sehen als Scharlatane aus dem finstersten Mittelalter. Dann rief mich eine langjährige Freundin an. Ihr Sohn war eines Mittags aus der Schule gekommen, hatte ihr mit einem Revolver in den Rücken geschossen und dabei die Wirbelsäule getroffen. Jetzt lag sie in einem Krankenhaus in Texas und war querschnittsgelähmt. Die Ärzte sagten, dass sie nie wieder werde laufen können. Martin sagte schlicht: »Lass uns sie heilen

gehen.« Es war mitten in der Nacht, und er feierte gerade eine seiner ziemlich hedonistischen Partys. Also nahmen wir einige der Girls einfach mit.
Als wir nach Mitternacht im Krankenhaus ankamen, nahm niemand auch nur die geringste Notiz von uns. Und meine Freundin war wach. Sie saß zusammengekrümmt in ihrem Rollstuhl. »Was stört Sie an Ihrem gegenwärtigen Zustand am meisten?«, fragte Martin. Ihre Antwort verblüffte mich: »Ich habe wirklich große Schmerzen. Aber ich bin eine Frau. Und die jungen Ärzte hier sind ziemlich attraktiv. Es macht mich völlig fertig, dass ich mir nicht einmal das Haar aus meinem Gesicht streichen kann.« Martin fragte zurück: »Und wenn Sie Ihr Haar berühren könnten – könnten Sie dann anfangen, Ihrem Sohn zu vergeben?« Meine Freundin begann herzzerreißend zu weinen. Dann nickte sie. Martin berührte verschiedene Punkte ihrer Wirbelsäule. Dabei schien er in tiefste Meditation zu versinken. Schließlich fragte er sie, ob sie eine Veränderung spüre. Sie lehnte sich zurück, hob ihre Arme, berührte ihr Haar und begann hemmungslos zu schluchzen. Ein paar Wochen später verließ sie das Krankenhaus. Mit einem Gehwägelchen. Sie machte eine Ausbildung als Krankenschwester. Heute läuft sie wieder völlig normal und dient anderen schwer verletzten Menschen.
Martin hatte auch sich selbst vom Krebs geheilt. Er sollte auch meinen Stiefvater vom Lungenkrebs und mich von einem Augenleiden heilen, das mich mit fortschreitender Blindheit bedrohte. Er lehrte mich, dass Materie Energie sei und Krankheit eine Blockade im Energiefluss. Und er öffnete meinen Blick auf andere Realitäten: Ich lernte zu begreifen, dass meine Version der Realität nur eine von vielen möglichen Realitäten war. In meiner kleinen Realität mochte ich mit meinen Ansichten durchaus nicht ganz falsch liegen. In einer

anderen aber würde mein Verstand mit dem ganzen Unrat seiner Vorurteile wirkliche Ereignisse schaffen. Wie ein Träumer, der seinen Traum träumt. Martin Brofman hatte meine verlorene Neugier geweckt. Jetzt wollte ich durch diese geöffnete Tür schreiten. Koste es, was es wolle. Ich war bereit, die Zone der Angst und Wut zu passieren, um zum Abenteuer meines selbst bestimmten Lebens zu finden. Um den Rest meines Lebens ganz bewusst selbst zu gestalten.

Das Ende der Gewissheit

Ich kündigte meine Therapeutenstelle an der Klinik. Und kreierte meine erste eigenständige Arbeit: ein Seminar über Selbstverwirklichung auf der Basis des Werks von Abraham Maslow. »Leben Sie das Leben Ihrer Träume. Nehmen Sie alle Risiken in Kauf, die Ihr Leben zu einer einzigartigen Herausforderung machen« war das erklärte Programm. Ich hatte damit sofort Erfolg. Die Klienten berichteten mir, wie sehr sich ihr Leben zum Positiven hin wandelte.
Doch es ist eine Sache, einen Workshop aufzubauen. Eine ganz andere ist es, davon zu leben. Da ich keine Ahnung von Organisation und Marketing hatte, ging mir ziemlich schnell das Geld aus. Ich musste mein Haus aufgeben. Meine komfortable Welt der Mittelklasse war zerbrochen. Aber jetzt wollte ich mir ein Leben aufbauen, das zu meiner Natur passte. Ich wollte nicht das Ende meines Lebens erreichen und mich dann fragen müssen, ob ich überhaupt je gelebt hatte.
Am Lake Charles in Louisiana fand ich ein leer stehendes Theater. Es war zwar eine Ruine, doch ich zog ein. Und lebte vom Existenzminimum. Die nächsten Jahre tourte ich mit Workshops, Trainings und als Business Coach

durchs Land. Und verwirklichte meinen Traum, nämlich Menschen dabei zu helfen, zu einem erfüllteren Leben zu finden.

Leben im Paradies

Schließlich zog ich auf die Hawaii-Insel Maui. Dort wurde meine Arbeit berühmt. Menschen aus ganz Amerika und Europa kamen, um meine Kurse zu besuchen. Heute lebe ich auf Maui, in New York, Texas, Amsterdam und Thailand. Meine Arbeit hat sich zu einem globalen Netzwerk entwickelt. Ich habe meine Passion zu meinem Beruf gemacht. Und arbeite 365 Tage im Jahr mit Leidenschaft an meinem Traum, die Welt zu einem besseren Ort zu machen. Mit Menschen, die zu einer globalen Gemeinde zusammenfinden. Die sich gegenseitig unterstützen und sich gegenseitig dienen. Mit dem Besten, was sie zu geben haben: mit ihrer einzigartigen und unverwechselbaren Begabung. Die ihren inneren Ruf hören und ihrer Berufung folgen. Die sich höchsten Herausforderungen aktiv stellen – und gemeinsam gewinnen.

Zu diesem Buch

Sie träumen auch von einem selbst bestimmten, selbst verwirklichten, glücklichen und erfüllten Leben, wissen aber nicht, wie Sie dahin kommen können? Dieses Buch wird Ihnen zeigen, wie Ihr Leben gelingen kann. Schritt für Schritt werden Sie Ihr ganz persönliches Lebensdesign erkennen und lernen, was Sie verbessern können. Wie Sie zufrieden mit sich selbst, mit Ihren Beziehungen, mit Ihrer Karriere und Ihrem Beitrag zur globalen Gemeinschaft werden.

Doch menschliches Wachsen und Reifen ist ein schmerzhafter Prozess. Je höher Sie aufsteigen, desto schwieriger wird es. Und bei jeder Hürde, die Sie nehmen, machen Sie zuerst einmal einen Sprung ins Chaos, aus dem Sie dann erst wieder Ihre ureigene Ordnung erschaffen müssen. Um das Licht der Klarheit zu erreichen, müssen wir erst einen nachtschwarzen Tunnel der Verwirrung durchqueren. Verwirrung ist Teil der Wandlung.
Es gehört zu jedem einzelnen Menschenleben, dass wir immer wieder mit Krisen konfrontiert werden, die sich oft zu Sinnkrisen ausweiten. Ein Zeichen dafür, dass etwas Altes in uns sterben muss, damit Neues entstehen kann. Jedem Durchbruch geht in der Regel ein Zusammenbruch voraus.
Hinzu kommt die globale Krise. Nach dem Kollaps von Kommunismus und Kapitalismus sehen wir uns mit völlig neuen Aufgaben konfrontiert und fühlen uns dabei ähnlich überfordert wie Charlie Chaplin am Fließband in seinem Film »Moderne Zeiten«. Handelte es sich damals um die Bedrohung des einzelnen Menschen durch das Industriezeitalter, sehen wir uns heute in einer Ära der zunehmenden Globalisierung und der explosionsartig anwachsenden Information. Wieder einmal ist das Ende der Gewissheit erreicht. Wir müssen unsere eigene Position erst neu orten – und fühlen uns dabei wie ein Handwerker, der in seinem Werkzeugkasten nur unpassende Nägel, Dübel, Zangen, Zwingen und Sägen findet. Die neuen Werkzeuge gilt es erst zu schmieden. Der weltweite Zusammenbruch von Börse und Wirtschaft und die hohen Staatsüberschuldungen haben das Ende unserer Sicherheit für den Rest unseres Lebens eingeläutet. Auf Sozialhilfe und Renten ist kein Verlass mehr: Mit staatlicher Hilfe ist nicht mehr zu rechnen. Und wegrationalisierte Arbeitsplätze werden niemals wiederkehren. Wir sind zum Handeln aufgerufen und zur Eigenverantwortlichkeit.

Daher die schlechte Nachricht zuerst: Ihnen steht die Vertreibung aus dem Paradies bevor. Doch die gute Nachricht gleich hinterher: Ihr vermeintliches Paradies ist in Wirklichkeit eine dunkle Höhle. Und ich möchte Ihnen den Weg aus der Höhle ans Licht weisen. Dort werden Sie Ihr wahres Paradies finden. Und das Schöne daran: Sie können gar nicht fehlgehen, weil ich Ihnen eine Landkarte zur Orientierung an die Hand gebe.

Wie Sie das Beste aus diesem Buch herausholen können

Lesen Sie Kapitel für Kapitel ganz genau. Legen Sie sich das Buch neben Ihr Bett und blättern Sie immer wieder darin. Machen Sie sich Aufzeichnungen über Passagen, in denen Sie sich wieder erkennen können. Studieren Sie ganz genau die Landkarte, um zu orten, an welchem Punkt Sie gegenwärtig stehen. Um die Herausforderungen zu erkennen, die auf Sie warten, und den nächsten Schritt, den Sie gehen sollten, zu sehen. Und haben Sie den Mut, Ihre Höhle zu verlassen, um zu einem selbst bestimmten, selbst verwirklichten Leben zu finden. Es wird sich auszahlen. Denn Sie werden sich nicht mehr länger die Frage stellen müssen, was Sie mit dem Rest Ihres Lebens anfangen wollen. Und sich am Ende Ihres Lebens nicht fragen müssen, ob Sie überhaupt gelebt haben. Ich wünsche Ihnen viel Freude beim Lesen und ein erfülltes, glückliches, reiches Leben!

TEIL I:

DIE VERTREIBUNG AUS DEM PARADIES

Was Sie über Ihr gegenwärtiges Leben wissen sollten

Die Wirklichkeit als Mysterium

Wir sind eingebettet in einen Kosmos voller Schönheit – und dabei ständig konfrontiert mit dem Unbegreiflichen: Die Wirklichkeit ist ein unendliches Mysterium. Die bloße Tatsache unserer Existenz gibt Anlass genug für tiefstes Staunen: Unter Milliarden von Sternen, in einem Universum, dessen unermessliche Weite sich unserem Fassungsvermögen entzieht, entwickelte sich ein Planet, auf dem Leben entstehen konnte: der blaue Planet, die Erde. Und nach Milliarden Jahren der Evolution erschienen Sie auf dieser Bühne. Ja, Sie! Das allein sollte genügen, Sie und uns alle mit Dankbarkeit und Faszination zu erfüllen.
Hier die wunderbare Beschreibung dieses Mysteriums mit den Worten des österreichischen Physikers Erwin Schrödinger: »Was ist's, das dich so plötzlich aus dem Nichts hervorgerufen, um dieses Schauspiel, das deiner nicht achtet, ein Weilchen zu genießen? Alle Bedingungen für dein Sein sind fast so alt wie der Fels. Jahrtausende lang haben Männer gestrebt, gelitten und gezeugt, haben Weiber unter Schmerzen geboren. Vor hundert Jahren vielleicht saß ein anderer an dieser Stelle, blickte gleich dir, Andacht und Wehmut im Herzen, auf zu den verglühenden Firnen. Er war vom Mann gezeugt, vom Weib geboren gleich dir. Er fühlte Schmerz und kurze Freude wie du. War es ein anderer? Warst du es nicht selbst? Was ist dies: dein Selbst?«
Woher kommen wir, wohin gehen wir, was ist der Anfang von allem? Wer hat das Ganze ins Werk gesetzt?

Gibt es einen Schöpfer? Und falls ja, warum hat er überhaupt etwas geschaffen? Und weshalb hat er alles gerade so geschaffen, wie es ist? Wie konnte er das Böse zulassen? Liegt das Böse in der Doppelnatur des Göttlichen oder in der Doppelnatur des Menschen? Weshalb wurde uns diese Doppelnatur gegeben? *Wie viel Freiheit ist dem Menschen eingeräumt? Wie viel Freiheit braucht er – und wie viel Freiheit verträgt er?*
Uralte Menschheitsfragen, die uns seit Anbeginn beschäftigen und die von den verschiedenen Kulturen der Welt auf verschiedene Weise beantwortet wurden. Doch diese Verschiedenheit der Antworten ist rein äußerlich – in der Essenz sind sie alle gleich. Die Verschiedenheit besteht in nichts anderem als in der unterschiedlichen Beschreibung der unendlichen Vielfalt und Vielgestaltigkeit der Fassetten des Seins. Die Essenz ist das Eine, vielgestaltig sind nur seine Ausdrucks- und Erscheinungsformen. Gefordert ist daher ein freies und spielerisches (Zusammen-)Denken jenseits aller wissenschaftlichen und philosophischen Konzepte. Der Atomphysiker Werner Heisenberg formuliert es so: »Die fruchtbarsten Entwicklungen haben sich überall dort ergeben, wo zwei unterschiedliche Arten des Denkens zusammentrafen.« Und sein Schüler Fritjof Capra schafft eine ganzheitliche Synthese der unterschiedlichsten Interpretationsformen des Seins in seinem Gedanken von einem »Lebensnetz«, in das wir uns jenseits aller Trennungen wieder einzubinden haben.

Ihr Lebensnetz

Sie sind mehr als ein winziger Körper in einem riesigen Universum. Sie existieren als ein Muster von Vernetzungen, das Sie mit der Intelligenz anderer Menschen und

der Natur verbindet. Diese Kommunikationsmuster sind die unsichtbaren Verbindungen, die es Menschen ermöglichen, gemeinsam etwas Produktives zu schaffen. Ihr Netz von Beziehungen ist der Kanal, durch den Sie alles Gute und Wesentliche für ein gelingendes Leben geben und nehmen können. Wenn Sie selbst erfolgreich sein wollen, müssen Sie auch danach trachten, dass andere Erfolg haben.
Der Wert und die Qualität Ihres Lebens hängen mit dem Wert und der Qualität Ihrer zwischenmenschlichen Beziehungen zusammen. Wie gut Sie mit anderen kommunizieren, entscheidet darüber, wie gut Sie die Bedürfnisse anderer erfüllen und wie gut diese wiederum Ihre Bedürfnisse erfüllen. Wenn Ihre Bedürfnisse unbefriedigt bleiben, leiden Sie. Dasselbe gilt für Ihre Mitmenschen.
Die Crux des menschlichen Daseins besteht aber gerade darin, dass wir uns auf unser Ich-Selbst, auf unsere Welt im Kopf, zurückziehen und damit eine Quelle ständiger Enttäuschungen und Ängste auftun. Wir tun dies, weil wir nach einer festen inneren Grundlage suchen, die es mit unserer Vorstellung von einer vorgegebenen, von uns unabhängigen Welt aufnehmen kann. Darin liegt aber eine Täuschung: Es gibt nämlich ebenso wenig ein beständiges Subjekt wie eine Welt aus von ihm unabhängigen Objekten. *Die Idee eines getrennten, individuellen Selbst ist eine Illusion.*
In seinem Buch »Das Lebensnetz« weist Fritjof Capra einen Weg, wie wir unsere Ängste überwinden können. Wir müssen lernen, systemisch zu denken, das heißt, unsere Aufmerksamkeit von den Objekten hin zu Beziehungen zu verlagern. Denn erst dann sind wir in der Lage zu erkennen, dass Identität, Individualität und Autonomie nicht Getrenntheit und Unabhängigkeit voraussetzen. Unser abstraktes Denken hat uns dazu verführt, die natürliche Umwelt – das Lebensnetz – so zu

behandeln, als bestünde sie aus einzelnen, voneinander getrennten Teilen, die von verschiedenen Interessengruppen ausgebeutet werden können. Und diese Sichtweise haben wir auf unsere menschliche Gesellschaft ausgeweitet, indem wir sie in verschiedene Nationen, Rassen, religiöse und politische Gruppen aufgeteilt haben. Der Glaube, dass all diese Fragmente – in uns selbst, in unserer Umwelt und in unserer Gesellschaft – wirklich getrennt sind, hat uns der Natur und unseren Mitmenschen entfremdet und uns damit beeinträchtigt. Deshalb fordert Capra: »Damit wir unsere ganze Menschlichkeit wiedergewinnen, müssen wir die Erfahrung unserer Verbundenheit mit dem gesamten Lebensnetz wiedergewinnen.«

Die zweidimensionale Welt im Kopf

Wie kommt die Welt in den Kopf? Wie viel von dem, was wir in unserem Kopf bewegen, hat wirklich mit Welt zu tun? Fest steht: *Wir leben in einer Krise des Bewusstseins und der Wahrnehmung. Weil die meisten von uns sich in die zweidimensionale Welt in ihrem Kopf zurückziehen und deshalb das Wunder des Lebens als etwas Selbstverständliches hinnehmen* – ja, schlimmer noch: Es scheint typisch für den Menschen zu sein, eine panzerdicke dunkle Glasscheibe zwischen sich und seine lebendige Verbindung zu seinen Mitmenschen und zur Natur zu schieben und sich damit gleichzeitig von seinem eigenen, eigentlichen Wesen und seiner Bestimmung abzutrennen. Diese dunkle Glasscheibe besteht aus Sorgen und Enttäuschungen.
Doch *wir selbst sind es, die wir unseren ursprünglich quellklaren Geist mit emotionalem Schmerz verdüstern. Einem Schmerz, der auf unerfüllten Sehnsüchten und*

unrealistischen Erwartungen beruht. Auf diese Weise sammeln wir Stück für Stück ein Gepäck an, das wir nicht mehr tragen können. Und ziehen uns immer mehr in die Welt in unserem Kopf zurück, verfallen dumpfem Brüten. Wir »erleben« die Welt zweidimensional – wie auf einem Fernsehschirm, geben uns der Illusion hin, das schmerzensreiche Kino in unserem Kopf sei die Wirklichkeit. Dabei verwechseln wir unsere Innenwelt mit der Außenwelt, projizieren unser in seiner Wahrnehmung verengtes und verschobenes Innen nach außen.

Dadurch trübt sich gleichzeitig die Linse unserer Wahrnehmung: Wir sehen nicht mehr offenen Auges das Wunder, sondern nur noch, gleichsam mit Scheuklappen und in Ketten gelegt, die Wände unseres selbst erschaffenen Käfigs. Die Vertreibung aus dem Paradies hat begonnen. Außerhalb seiner Umfriedung geraten wir mehr und mehr in eine nahezu lichtlose Höhle und unsere Stimmungen verdüstern sich immer weiter, bis schließlich unsere ursprünglich flirrend lichtdurchflutete Lebensfreude in einem nachtschwarzen Ozean passiven Selbstmitleids ertrinkt. Was soll nur aus dem Rest unseres Lebens, was aus unseren Träumen werden?

Vom Sinn des Lebens

Was dem Leben Sinn gibt, ist ein tiefes Gefühl von Lebendigsein. Stellen Sie sich vor, der Zweck Ihres Lebens bestünde darin, sich einfach Ihres Lebens zu erfreuen. Und gesetzt den Fall, die Bedeutung des Lebens läge darin, das Vergehen der Zeit zu genießen – wie viel von Ihrem Beruf und Ihrem Lebensstil würden dann noch Bedeutung haben?

Lebendigkeit entspringt aus unseren tiefsten Beziehungen zu anderen Menschen. Wenn Menschen sich gemeinsam einer Sache widmen, beleben sie sich entweder gegenseitig oder sie rauben einander jegliche Energie. Nichts erschöpft einen Menschen mehr, als mit anderen etwas zu unternehmen, das sie gar nicht wirklich tun wollen. Die meisten Menschen leben in einem Schmerz, der von dem Druck herrührt, den sie gegenseitig aufeinander ausüben.

Als Antwort auf diesen Druck haben Sie gelernt, eine Rolle zu spielen, die Ihnen nicht entspricht und nicht das Geringste mit Ihnen zu tun hat. Gefangen in der kleinen Welt Ihrer Gedanken und Ängste, haben Sie wahrscheinlich Ihre wahre Berufung, Ihr wahres Sein vergessen. Sie haben sich stattdessen dazu entschieden, eine Rolle zu übernehmen, um Ihre Einzigartigkeit zu verbergen und eine falsche Fassade zu zeigen, damit die Leute aufhören, Druck auf Sie auszuüben.

Wenn Sie im Leben eine falsche Rolle spielen, opfern Sie aber Ihre Vitalität und Lebendigkeit. Und Ihr fauler Kompromiss bietet den Menschen, die Sie respektieren, keinerlei Inspiration. Fehlen Ihnen Ihre Vitalität und Lebendigkeit, spürt auch Ihre Familie und Gemeinschaft diesen herben Verlust. Es mag Ihnen zwar wesentlich sicherer erscheinen, ein Leben im Versteck zu führen, aber ich empfehle Ihnen dennoch, lieber das Risiko auf sich zu nehmen, mit dem dynamischen Chaos zu leben, das entstehen wird, sobald Sie es sich erlauben, ganz und gar Sie selbst zu sein.

Um aus einer gewohnten Rolle ausbrechen zu können, müssen Sie entdecken, was die Gesamtheit Ihrer Sinne stimuliert. Was macht Sie ganz und gar lebendig? Worin sind Sie einzigartig und unschlagbar?

Ich werde Ihnen einen Hinweis geben: Wenn Ihre Ziele und geheimen Träume Sie nicht zu Tode erschrecken und in Panik versetzen, sind sie als Herausforderung nicht groß genug, um Ihre Kreativität wachzurütteln. *Gerade die Herausforderungen, die Sie am meisten fürchten, könnten die Tür zu Ihrem Glück sein.* Durch irgendeine perverse Verdrehtheit innerhalb der menschlichen Natur neigen wir dazu, ausgerechnet das zu fürchten, was gerade unsere natürliche Brillanz und Einzigartigkeit zum Vorschein bringen könnte.

Ob Ihr Leben gelingt, ob Sie Ihren Traum verwirklichen, hängt ganz und gar davon ab, ob Sie Ihre Berufung entdecken. Wenn Sie mit Ihrer wahren Bestimmung in Fühlung kommen, können Sie es mit allen Sinnen spüren: Dann fühlen Sie sich zutiefst berührt, wie ein Saiteninstrument, dessen ganze Klangfülle seismographisch durch einen genialen Interpreten erweckt wird. Oder wie ein Juwelier, der einen Edelstein auf eine ganze bestimmte Art und Weise bearbeitet. Verpasst er der Gemme einen falschen Schliff, ist der ganze Stein verdorben. Das bedeutet: Wenn die Herausforderung nicht genau zu Ihrem Temperament passt, wird sie Ihr verborgenes Talent nicht aus Ihnen herausholen.

Ihre wahre Berufung erkennen Sie daran, dass sie zugleich Ihre größte Leidenschaft ist. Die können Sie entdecken, indem Sie Ihrer Wahrnehmung folgen: Sie spüren es ganz genau, wann etwas Sie bis ins Mark berührt und wann Sie etwas kalt lässt. Ob Sie Ihr Schicksal erfüllen oder nicht, hängt ganz davon ab, ob Sie die Herausforderung erkennen, die ganz genau auf Ihre natürlichen Fähigkeiten abgestimmt ist. Ich nenne diese Herausforderung Ihre *zentrale Organisationsfunktion*. Das ist Ihre Berufung, die Bestimmung, für die Sie geboren wurden.

Jeder von uns ist ein Genie auf einem ganz bestimmten Gebiet. Wenn Sie sich voll und ganz in Ihre natürliche Einzigartigkeit hineinstürzen und sie an andere Menschen weitergeben, werden Sie zutiefst lebendig. Dadurch erhält Ihr Leben Bedeutung. *Die höchste Bedeutung, die ein Leben gewinnen kann, ist der Dienst am*

Nächsten. Was Sie dabei verdienen, ist dann völlig sekundär, weil Sie den Wert spüren, den Sie dadurch schaffen. Dabei lernen Sie sich selbst und den anderen mit neuen Augen zu sehen. Und der Respekt, den Sie dabei für die anderen Menschen gewinnen, ist unbezahlbar und schon gar nicht durch Geld aufzuwiegen. Die Gegengabe und das Geschenk, das Sie dafür erhalten, ist ein tiefer innerer Frieden, ein Gefühl des Erfülltseins.

Sie sind nicht der Mensch, für den Sie sich halten

Die Illusion vom Ich und seiner Authentizität

Jeder Mensch glaubt genau zu wissen, wer er ist. Doch das ist eine Illusion. Was ich Ihnen jetzt sage, wird Sie wie ein Schock treffen: Sie sind nicht der Mensch, für den Sie sich halten. Doch dieser Schock wird, während Sie weiterlesen, bald einer unendlichen Erleichterung weichen: Sie sind nämlich viel, viel mehr, als Sie zu sein glauben. Sie wissen es nur noch nicht. Ich werde es Ihnen zeigen, indem ich Sie wie Alice im Wunderland hinter den Spiegel führen und Ihnen den Reichtum Ihrer verborgenen inneren Welt aufzeigen werde.

Doch eine Warnung gleich vorab: Die Größe, die ich in Ihnen sehe, wird Sie sehr erschrecken. Sie werden sich sagen: Das kann doch unmöglich ich sein, das ist doch viel zu groß für mich. *Was Sie brauchen, um mir zu folgen, ist daher eine gehörige Portion Mut, um die wahre Großartigkeit, Einzigartigkeit und Einmaligkeit zu erkennen, die in Ihnen steckt und die Sie so mühsam vor anderen zu verbergen suchen.*

Jetzt werden Sie sich natürlich fragen, weshalb Sie Ihre Größe meiner Auffassung nach vor anderen verstecken. Die Antwort ist ganz einfach: Weil Sie von den anderen Menschen akzeptiert und geliebt werden wollen. Ein Mensch aber, der sich voll und ganz verwirklicht, erschreckt die machtvolle Herde jener, die es nicht tun. Und die ist leider nach wie vor, auch am Beginn des 21. Jahrhunderts, enorm groß. Es ist aber ein archaisches Erbe aus unserer animalischen Vergangenheit, dass die Macht der Herde so stark in jedem Einzelnen von uns wirksam ist. Nach einem alten, ererbten Naturgesetz begibt sich jeder, der sich von der Herde entfernt, in die lebensbedrohende Gefahr, aus der Gemeinschaft ausgeschlossen zu werden und damit sein Überleben nicht mehr sichern zu können. *Und genau diese Sorge um das Überleben ist es, die die meisten Menschen in einem Leben stecken bleiben lässt, das weit unter ihren Möglichkeiten liegt.*

Doch gleichzeitig liegt in jedem von uns die tiefe Ahnung verborgen, die Albert Einstein so formuliert hat: »Um ein tadelloses Mitglied einer Schafherde sein zu können, muss man vor allem ein Schaf sein.« Vielleicht wissen Sie ja längst um Ihr Anderssein, um Ihre ureigensten inneren Qualitäten, haben aber nicht den Mut, aus der Herde auszubrechen. Und vielleicht steckt in Ihnen in Wahrheit sogar ein Alpha-Wolf, ein Anführer. Ein Mensch, der in seinem Dienst an anderen Menschen diese in völlig neue, ungeahnte Dimensionen der Wahrnehmung und eines erfüllten Lebens führen kann. Gerade die wahren Alpha-Wölfe unter den Menschen sind es, die sich am besten zu verbergen wissen. Weil ihr Wissen um ihre Kraft ihnen Angst macht, weil gerade sie – und darin liegt ihre Schwäche – besonders viel Akzeptanz und Liebe brauchen, weil sie belohnt werden wollen für die unwägbaren Gefahren, denen sie sich schutzlos ausgesetzt haben, als sie die Herde verließen, um diese anzuführen.

Doch hier muss ich Sie mit einem zweiten Schock konfrontieren: Ihre Mitmenschen lieben, akzeptieren und bewundern Sie ohnehin nicht. *Die überwiegende Gemeinschaft der Menschen hat sich auf ein Dasein im Schmerz eingerichtet, den sie sich gegenseitig immer wieder bestätigen.* Doch selbst wenn Sie pflichtschuldiges Mitglied dieses Schmerzens-Clubs bleiben und Ihren überteuerten Obolus in Form eines nicht selbst verwirk-

lichten Lebens zahlen, werden Sie nicht geliebt. Das glauben Sie mir nicht? Ich werde es Ihnen beweisen.
Haben Sie schon einmal eine Gruppe von Menschen beobachtet, die sich gegenseitig ihre Leidensgeschichten anvertrauten? Und haben Sie wahrgenommen, was geschah, wenn einer von ihnen vorzeitig gehen musste? Die unschöne Wahrheit ist die: Der Kreis der Zurückgebliebenen hat sich über den, der die Gemeinschaft verlassen hat, wie ein Rudel Wölfe hergemacht, ihn zerfleischt, ausgeweidet und über seinen bleichen, abgenagten Knochen ein kannibalisches Fest gefeiert. So mancher mag sich dabei unwohl gefühlt haben. Allein aus der Erkenntnis heraus, dass es ihm nicht besser ergangen wäre, hätte er als Erster den Club verlassen: *Menschen sind Wölfe im Schafsgewand – ausnahmslos. Das gilt auch für Sie.*
Was Sie hier sehen, ist ein Beispiel der zweidimensionalen Welt im Kopf, eines Bewusstseins, das den anderen zum Objekt macht. Solange Sie der Welt des Schmerzes verhaftet bleiben, lernen Sie nicht mit den Augen der Liebe zu sehen. Mit den Augen der Liebe zu sehen bedeutet, dass wir uns nicht gegenseitig voneinander abspalten. Dass wir, anstatt zu urteilen, wahrhaft beobachten und sehen lernen. Dass wir begreifen, dass wir selbst nicht der sind, für den wir uns halten. Und dass dieses Gesetz auch für jeden anderen Menschen gilt. Wahres Sehen und Erkennen ist urteilsfrei. Ist stilles Gewahrsein und Wahrnehmen, ist Erkennen, dass wir alle gleichberechtigte Teile eines großen Ganzen sind. Ist tiefe Liebe und Mitgefühl für jedes einzelne Lebewesen – in seinem Leid, in seinen Freuden.
Um Ihnen zu zeigen, worum es mir geht, zeichne ich Ihnen jetzt das Gegenbild eines selbst verwirklichten Menschen, eines Menschen, der die Gesetze des Lebensnetzes begriffen und verinnerlicht hat. Es ist ein Mensch,

der über ein Bewusstsein verfügt, das es ihm ermöglicht, hinter den Spiegel zu blicken. Gleichzeitig will ich Ihnen damit zeigen, dass all diese Erkenntnismöglichkeiten auch in Ihnen stecken, dass sie nur darauf warten, endlich erlöst zu werden und ins Leben treten zu dürfen. Mit anderen Worten zeichne ich jetzt ein Bild von Ihnen, wie Sie sein werden, wenn Sie nach der Vertreibung aus dem Paradies und Ihrem Aufenthalt in der Höhle den Weg zurück ins Paradies gefunden haben.

Dies Bildnis ist bezaubernd schön: der sich selbst verwirklichende Mensch

Ein selbst verwirklichter Mensch hat sich mit seiner unbewussten Schattenseite auseinander gesetzt, sich mit seinen verborgenen Ängsten konfrontiert und seinen Schmerz aufgelöst. Er hat sich von Vorurteilen und Projektionen verabschiedet und das sehen gelernt, was ist. Er hat sämtliche Kompromisse verlassen und weigert sich nicht mehr länger, sich vor sich selbst das Leben zu enthüllen und zu erfüllen, nach dem er sich wirklich in seinem tiefsten inneren Wesenskern sehnt. Ein selbst verwirklichter Mensch besitzt ein tiefes und profundes Gefühl von Wohlergehen und hat sichtbar Erfolg – in einem gelingenden Leben.

Abraham H. Maslow, Begründer der humanistischen Psychologie, dessen erklärtes Ziel die »Vollmenschlichkeit« im Sinne einer Psychologie menschlicher Gesundheit war, rief den Menschen dazu auf, zu einem aktiven Gestalter seiner Existenz zu werden, der sich in einer Zeit zunehmender Materialisierung nach lebendigen geistigen Lebenswerten sehnt. Maslow glaubte an die ganzheitliche Natur des Menschen und wies nach, dass der Einzelne aus einer Anzahl von Bedürfnissen heraus handelt. Diese Bedürfnisse sind zwar individuell verschieden, dennoch liegt eine aufsteigende Linie von niederen zu höheren Bedürfnissen im Wesen jedes Menschen. *Unabhängig von seinen individuellen und soziokulturellen Abhängigkeiten liegt dem menschlichen Selbstverständnis letzten Endes eine geistige Zielsetzung zugrunde, die erst die eigentliche befriedigende Selbstverwirklichung ermöglicht.* Wenn dieser Prozess blockiert wird, wenn diese entscheidenden höheren Bedürfnisse nicht befriedigt werden, wird der Mensch krank. In meiner jetzt folgenden Darstellung des selbst verwirklichten Menschen zeichne ich Maslows Erkenntnisse nach. Ein solcher Mensch verfügt also über folgende Eigenschaften:

■ *Eine angemessene Wahrnehmung der Realität*
Diese besteht in der ungewöhnlichen Fähigkeit, das Falsche, Vorgetäuschte und Unehrliche in einer Persönlichkeit zu durchschauen und Menschen generell richtig und wirksam einzuschätzen. Diese Gabe erstreckt sich über alle Lebensbereiche – einschließlich Kunst, Musik, Wissenschaft, Politik und öffentliches Leben. Selbst verwirklichte Menschen können verborgene oder verwirrte Realitäten rasch und richtig erkennen. Ihre Voraussagen über die Zukunft sind oft zutreffend und beruhen auf ihrer Fähigkeit, vorliegende Tatsachen frei von Angst und losgelöst von ihrem jeweiligen individuellen Charakter, einem entschiedenen Optimismus oder Pessimismus zu begegnen. Sie schaffen Ergebnisse und regen zum Vertrauen in andere Menschen an.

■ *Akzeptanz seiner selbst und anderer Menschen*
Ein selbst verwirklichter Mensch kann seine eigene menschliche Natur in ihrer ganzen Abweichung vom Ideal annehmen, ohne dabei Sorge oder Betroffenheit zu emp-

finden. Er ist dabei nicht etwa selbstzufrieden oder selbstgerecht, sondern vielmehr fähig, die Irrungen, Sünden, Schwächen und Übel der menschlichen Natur mit demselben Geist hinzunehmen wie ein Naturgesetz. Er akzeptiert die Tatsache, dass Felsen hart, Wasser nass und Bäume grün sind. Ein selbst verwirklichter Mensch genießt die einfachen Augenblicke des Lebens wie ein Kind, das durch weit geöffnete, unkritische und unschuldige Augen auf die Welt blickt. Er nimmt einfach wahr und beobachtet, was ist, ohne darüber zu argumentieren oder es verändern zu wollen.

■ *Natürlichkeit und Spontaneität*
Einfachheit und Einzigartigkeit kennzeichnen selbst verwirklichte Menschen, begleitet vom Fehlen jedweder Künstlichkeit oder der Anstrengung, irgendeinen Effekt erzielen zu wollen. Es sind schlicht und einfach ihre Impulse, ihre Gedanken und ihr Bewusstsein, die so ungewöhnlich unkonventionell, spontan und natürlich sind. Indem sie gleichzeitig erkennen, dass die Gesellschaft diese weder verstehen noch akzeptieren kann, haben sie keinerlei Bedürfnis, irgendjemanden zu verletzen oder über irgendwelche Unsinnigkeiten zu streiten. Stattdessen unterziehen sie sich den üblichen Ritualen der Konventionen mit Humor und menschlichem Mitgefühl.

■ *Interesse an Grundlagenfragen, Fragen der Philosophie und der Ethik*
Selbst verwirklichte Menschen leben in einem weitestmöglichen Bezugsrahmen. Sie sind stets in der Lage, den Wald nicht mit den Bäumen zu verwechseln. Ihre Werte sind breit angelegt statt kleingeistig, global statt lokal auf bestimmte Regionen beschränkt. Ihre Visionen gelten sowohl für Dekaden wie auch für den einzelnen,

flüchtigen Augenblick. Sie sind Philosophen und dabei doch ganz einfach.

- *Neigung zur Einsamkeit und Zurückgezogenheit und dazu, von der jeweiligen Kultur und Umgebung unabhängig zu sein*

Unter Opfern wird man selbst verwirklichte Menschen kaum finden. Denn sie werden angetrieben von einem Anstoß hin zur Erweiterung und Entwicklung. Mit Mängeln halten sie sich erst gar nicht lange auf. *Selbst verwirklichte Menschen werden von ihren eigenen Möglichkeiten und Kraftreserven angetrieben.* Wie der Baum nach Sonnenschein, Wasser und Nahrung lechzt, brauchen diese Menschen Liebe, Sicherheit und die Befriedigung anderer Grundbedürfnisse, die nur von außen kommen können. Aber sobald diese äußeren Bedürfnisse befriedigt sind, beginnt das wahre Ziel ihrer persönlichen Entwicklung und gleichzeitig diejenige der sie umgebenden Kultur.

- *Gleich bleibende Frische der Wahrnehmung*

Die Fähigkeit, Ehrfurcht, Vergnügen, Wunder und Ekstase zu empfinden, ist in selbst verwirklichten Menschen stets lebendig. Und dies sogar bei ganz gewöhnlichen Dingen, die für andere Menschen längst schal geworden sind. Das Leben kann äußerst aufregend und ekstatisch sein – und das gerade in Augenblicken, in denen man es am wenigsten erwartet. *Selbst verwirklichte Menschen können die trivialsten und rein routinemäßig ablaufenden Aktivitäten in etwas Spielerisches und Tänzerisches verwandeln und tiefste Freude dabei erfahren.* Was sie erleben, ist ein ozeanisches Gefühl, bei dem sich ihrer Vision grenzenlose Horizonte öffnen. Dabei fühlen sie sich gleichzeitig kraftvoller und hilfloser als jemals zuvor. Sie *begegnen dem Empfinden tiefer Ekstase, des*

Wunders und der Ehrfurcht, dem Verlust eines Ortes in Raum und Zeit, begleitet von dem intensiven Gefühl, dass etwas außerordentlich Wichtiges und Wertvolles geschehen ist. Durch eine solche Erfahrung wird der Mensch in seinem Alltagsleben transformiert und gestärkt.

- *Das tiefe Bedürfnis, der ganzen Menschheit zu helfen, jedoch mit tiefen Verbindungen zu relativ wenigen Menschen*

Selbst verwirklichte Menschen haben keine Zeit für viele Freunde, aber die Freundschaften, die sie pflegen, sind tief und beständig. Da sie frei von Vorurteilen und im tiefsten Sinne demokratisch sind, respektieren sie jeden Menschen und besitzen die Fähigkeit, von jedem lernen zu können. Da sie selbst eine Elite darstellen, wählen sie sich auch elitäre Freunde aus. Aber diese Elite besteht aus Menschen mit Charakter, großen Fähigkeiten und Talenten und nicht etwa aus Menschen, die der obersten sozialen Schicht angehören, die über riesige materielle Reichtümer, fragwürdige Berühmtheit oder Macht verfügen.

- *Kreativität*

Weder Talent noch Genie, sondern vielmehr die naive Kreativität von unverdorbenen Kindern charakterisiert die Persönlichkeit selbst verwirklichter Menschen. Wir alle werden mit diesem Potenzial geboren, aber die meisten von uns verlieren diese Qualität im Laufe unserer Anpassung an die Kultur der uns umgebenden Gesellschaft. Nur wenige bewahren sich diese frische, direkte Art oder können sie später im Leben wiedergewinnen. Selbst verwirklichten Menschen gelingt es, dieser Anpassung zu widerstehen und dabei gleichzeitig innerhalb der Grenzen der Konvention zu bleiben. Sie sind innerlich unberührt von der Kultur, die sie umgibt. Häufig führen sie soziale Veränderungen herbei.

■ *Unvollkommen, aber voll funktionsfähig*
Selbst verwirklichte Menschen mögen bisweilen dumm, zerstörerisch oder gedankenlos sein, ja sogar langweilig, stur oder irritierend. Auch sie sind nicht frei von oberflächlichem Stolz, von Eitelkeit oder Parteilichkeit gegenüber ihren eigenen Produktionen, ihrer Familie, ihren Freunden und Kindern. Manchmal können sie außerordentlich und unerwartet rücksichtslos erscheinen, zum Beispiel, wenn sie erkennen, dass ein Mensch, dem sie lange vertraut haben, sich verräterisch benommen hat. Dann beenden sie die Freundschaft mit einem kalten, klaren, brutalen Schnitt. Einige von ihnen erholen sich auch so schnell wieder vom Tod eines nahe stehenden Menschen, dass sie herzlos wirken.
Selbst verwirklichte Menschen sind sehr stark und unabhängig von den Meinungen anderer Menschen. Doch auch sie sind keine perfekten menschlichen Wesen. Es gibt keine perfekten menschlichen Wesen! Um Desillusionierung von der menschlichen Natur zu vermeiden, müssen wir zuerst unsere Illusionen über sie aufgeben.

Soziale Maskenspiele: die Welt als Karneval

Halten wir noch einmal fest: *Sie sind nicht der Mensch, der Sie zu sein glauben. Das, was Sie für Ihr Ich halten, ist ein Konstrukt, das Sie sich in Ihrem Kopf zurechtgelegt haben. Es gibt kein Ich. Sie sind oder werden zu den Rollen, die Sie spielen.* Was Sie für Ihr Ich halten, sind in Wahrheit soziale Maskenspiele, in die Sie durch Ihre Erziehung, durch die Gesellschaft und die jeweilige Kultur, in der Sie leben, hineingezwängt wurden. Nahezu alle Menschen verbergen sich hinter Masken und tragen Kostümierungen – meistens, ohne sich diese selbst ausgesucht zu haben. Daher ist es kaum verwunderlich, dass diese Kostümierungen in der Regel schlecht sitzen, fast immer zu eng sind oder überhaupt nicht zu Ihnen passen, ja, dass Sie sogar das Gegenteil Ihres angelegten Kostüms sind. Letzteres ist am häufigsten der Fall. Denn im Zuge der Anpassung an unsere Umgebung werden wir gezwungen, alles, was nicht in das geforderte Konformitätsgemälde hineinpasst – und das ist meistens unser Ureigenstes –, gänzlich aufzugeben oder doch zumindest so geschickt zu verbergen, dass es nicht ruchbar wird und allenfalls im Verborgenen blühen darf.

Die Welt, die wir uns auf diese Weise geschaffen haben, gleicht einem rauschenden venezianischen Maskenball der Dogenzeit: Verborgen hinter ihren kunstvollen Masken, unter Puder und Perücken, eingehüllt in knisternde Seidenroben und in Goldbrokatstickerei mit geschnürten Fischbein-Taillen und wogenden Dekolletées, unter schwarzen Pelerinenumhängen mit verwegenem Dreispitz, den Degen stets im Anschlag, begegneten sich in der Serenissima Aristokraten und Plebs, Lebemänner und Priester, Nonnen und Kurtisanen, Dichter und Richter, Spione, selbst ernannte und echte Fürsten, schüchtern tastende Liebende und Anhänger gefährlicher Liebschaften. Sie alle verwoben sich in einen unendlichen Reigen, in Tanz und Getändel, in Liebeleien und Händel – ganz und gar ohne zu wissen, mit wem sie es jeweils zu tun hatten.

Daran hat sich bis heute nichts geändert. *Menschen lieben – und brauchen – Maskeraden. Daran ist auch nichts Schlechtes, solange es Spiel bleibt und wir wissen, wie weit wir das Spiel treiben dürfen* und wann es wie am Roulettetisch heißt »Les jeux sont faits«. Das ist dann der Fall, wenn wir mit unseren Spielen andere verletzen oder uns selbst in unseren Spielen bis zur Unkenntlichkeit verlieren, zu süchtigen Spielern um des Spiels willen werden. Maskeraden und Spiele sind gut, doch nur solange sie unschuldig sind oder sie unserem Schutz dienen.

Dieser Funktion der Maskeraden begegnen wir auch in der Tierwelt: Das urweltliche Chamäleon passt sich mit seiner schillernden Farbgebung der jeweiligen Umgebung an, um sich zu tarnen und vor Feinden geschützt zu sein. Dass diese Strategie nur von Vorteil sein kann, zeigt sich daran, dass das Chamäleon eines der ältesten überlebenden Exemplare der Evolution ist, die ganz offenbar auf optimalen Selbstschutz setzt. Der Tintenfisch wiederum verspritzt, wenn Gefahr im Verzug ist, seine Tinte, hüllt sich und seine Widersacher in dichten, nachtblauen Nebel und flieht dann den Feind, geschützt vom Dunkel seiner selbst erschaffenen Nacht.

Maskeraden sind eine wunderbare Möglichkeit, um zu maximaler Flexibilität im Umgang mit anderen Menschen zu gelangen. Wenn Sie sich unter Haien bewegen, dürfen Sie nicht den Karpfen spielen, sonst werden Sie gefressen. Sich als Hai unter Haien zu bewegen ist eine hohe Kunst – und überaus erstrebenswert für das eigene Überleben. Einem Tiger sollten Sie sich auch nicht unbedingt als Lamm nähern – der Reiz, Sie dann zu reißen, ist naturbedingter Killerinstinkt.

Ebenso wenig sollten Sie einen Hai dafür verurteilen, dass er ein Hai ist, oder einen Tiger dafür, dass er Tiger ist. Die Haie und Tiger unter den Menschen sind häufig zu solchen geworden, um die schwächeren Mitglieder ihrer Spezies zu schützen und für sie die Verantwortung zu tragen. Man begegnet ihnen oft in Führungspositionen. Es ist wichtig, zu erkennen, dass in jedem Hai im Kern auch ein Karpfen steckt, in jedem Tiger auch ein Lamm. Menschen sind ebenso vielschichtig wie paradox.

Die wahre Kunst im Umgang mit Ihren Mitmenschen besteht darin, das Paradox zu umarmen, statt die dunklen und bedrohlichen Seiten anderer zu fürchten oder zu verurteilen.

Wir sind alle gleich. Keiner von uns ist besser oder schlechter als der andere. Das ist die Quintessenz, die wir zu durchschauen haben. Dann fällt es uns auch leichter, uns auf die Spiele anderer und unserer selbst einzulassen, ohne zu Spielverderbern zu werden.

Jedes Spiel hat seine Spielregeln. Und bei jedem Spiel ist es wichtig, zu erkennen, wer jeweils die Regeln bestimmt. Soll ein Spiel funktionieren, müssen sich alle an die Vorgaben halten. Wenn Sie das Spiel vorgeben, müssen alle anderen Ihren Regeln folgen. Bestimmt ein anderer das Spiel, haben Sie sich dessen Regeln zu beugen. Nur so können menschliche Kommunikation und fruchtbares Miteinander funktionieren. Nur so gelangen wir wirklich zu Ergebnissen, statt uns gegenseitig zu torpedieren.

Die ganze Welt ist eine Bühne.
Von nützlichen und schädlichen Rollenspielen.
Von Hauptdarstellern und Zuschauern

»All the world is a stage« – die ganze Welt ist eine Bühne – lässt William Shakespeare in seiner Komödie »Wie es Euch gefällt« die Figur des melancholischen Jacques sagen. Er fährt fort: »Und alle Fraun und Männer (sind) bloße Spieler. / Sie treten auf und wieder ab, / Sein Leben lang spielt einer manche Rollen, / Durch sieben Akte hin.«

Mit den sieben Akten sind die sieben Lebensalter des Menschen vom Säugling bis zum Greis gemeint. Es ist ein düsteres Bild der – eigentlichen tragischen – Comé-

die humaine, die einem Gesetz von Abstieg und Fall zu folgen scheint. Doch Jacques' pessimistische Deutung der Welt als einer irrealen Bühne des Scheins wird widerlegt durch eine Sicht des Spiels als einer Möglichkeit, zu sich selbst und zueinander zu finden. Die Komödie klingt in einem Tanz der glücklich vereinten Liebespaare aus, der eine vielstimmige kosmische Harmonie symbolisiert, die die zwischenmenschliche Ordnung und die Versöhnung der im Spiel auseinander gefalteten Gegensätze umgreift. *Die Welt als Spiel und der Mensch als Spieler in ihr werden so in einer versöhnlichen Geste umarmt.*
Deshalb noch einmal: An Rollenspielen ist an sich nichts Schlechtes. Sie sind häufig zum Überleben und zum Selbstschutz nötig, aber auch dazu, eine größere Bandbreite zwischenmenschlicher Kontakte leben zu können. Dadurch wird Ihr Leben bereichert. Verweigern Sie sich aber notwendigen Rollenspielen, indem Sie sich auf einen festen Ich-Standpunkt zurückziehen, werden Sie naturgemäß vereinsamen. Keiner wird sich die Mühe machen, das Bollwerk Ihrer Ich-Festung zu stürmen, wenn Sie ihm nicht auf halbem Wege entgegenkommen. Schwierig und ungesund werden Rollenspiele nur dann, wenn Sie mit ihnen Ihre Natur vergewaltigen und etwas vorgeben, das Sie nicht einlösen können. Damit betrügen Sie nicht nur sich selbst, sondern auch andere Menschen. Und die wechselseitige Enttäuschung wird auf dem Fuße folgen.
Deshalb sollten Sie zwischen nützlichen und schädlichen Rollenspielen unterscheiden lernen: Nützliche dienen Ihrem Überleben, Ihrem Selbstschutz und der Ausweitung Ihrer zwischenmenschlichen Beziehungen. Schädliche greifen Sie an, weil Sie sich dafür selbst verleugnen müssen und andere Menschen täuschen. Deshalb funktionieren sie auch in den seltensten Fällen über eine längere Zeit.

Rollenspiele sind grundsätzlich dazu da, Ihre Natur zu erweitern, statt sie einzuengen. Und auch dazu, Sie aus festgefahrenen Rollen zu lösen. Deshalb arbeite ich in meinen Seminaren und Kursen mit den Mitteln des Theaters. Immer wieder erlebe ich dabei, wie befreiend es für die meisten Menschen ist, sich auf einem neuen Feld zu erproben, Seiten von sich kennen zu lernen, die sie nie für möglich gehalten hätten. Denn wer nur eine Rolle im Leben spielt, engt sich ein, wird langweilig für sich selbst und andere. Daher ist es wesentlich, sich auszuprobieren, alle Fassetten anzusehen, die das Leben so reich machen – um frei zu werden von vorgefassten Bildern, die man sich von sich selbst macht. Und um herauszufinden, welche Fassetten Sie selbst zu einem reichen, erfüllten und glücklichen Leben führen.

Grundsätzlich gilt: Es ist in jedem Fall besser, auf die Bühne zu treten und Rollen zu spielen, als Zuschauer zu bleiben. Weshalb? Weil Sie Ihr wahres Potenzial nur kennen lernen, indem Sie es erproben. Zuschauer wissen und können immer alles besser als Hauptdarsteller – ganz einfach deshalb, weil sie sich nicht beweisen müssen.

Haben Sie schon einmal Zuschauer eines Fußballspiels beobachtet? Wie sie in Rage geraten, wenn ein Spieler einen Fehler macht, einen Ball verspielt? Wenn einer am Tor vorbeischießt oder ein Elfmeter vom Torwart nicht gehalten wird? Oder Zuschauer eines Boxkampfes, die immer ganz genau wissen, wie man den Gegner k.o. schlagen könnte, ohne es selbst tun zu müssen? Und wie sie mit verzerrten Gesichtern vor den Banden sitzen, durch und durch erfüllt von kämpferischer Aggression? Dieser Zorn der Zuschauer bezieht sich letztendlich auf ihre eigene Ohnmacht: Sie sind nicht selbst im Spiel. Im Spiel zu sein heißt aber, aktiv zu werden, in Aktion zu treten. Etwas Großes, ganz im Sinne von Alles oder

Nichts, von Gewinn oder Verlust, zu riskieren und dabei zu wagen, auch Fehler zu machen, durch die man wiederum lernen kann.

Wer spielt, muss immer damit rechnen, gewinnen oder verlieren zu können. Wer Zuschauer bleibt, kann aber weder gewinnen noch verlieren. Er bleibt ganz einfach draußen, vom Spiel des Lebens ausgeschlossen, das den ganzen Einsatz fordert. *Lassen Sie sich daher zum Spiel des Lebens einladen. Lassen Sie sich ganz darauf ein. Entdecken Sie spielerisch all Ihre verborgenen Möglichkeiten, um sich voll ausleben zu können und um sich nicht am Ende Ihres Lebens die Frage stellen zu müssen, ob Sie wirklich gelebt haben.* Spielerisch zu sein bedeutet, Leichtigkeit zu leben – selbstverloren zu singen, zu tanzen und sich in selbst erschaffenen Spielen zu verlieren wie ein Kind – mit demselben Staunen und derselben Unvoreingenommenheit, mit derselben Neugier und derselben Unschuld. Kinder umarmen die Welt, gehen offen auf sie zu – bis sie von Menschen, die diesen Blick auf die Welt verloren haben, erzogen und damit eingezäunt werden.

Die drei Realitäten, in denen Sie leben

Sie, ganz nackt. Was Sie waren, bevor Sie vorgaben, irgendjemand zu sein

Als Sie geboren wurden, waren Sie reine Essenz, übersprudelnd vor Neugier, Offenheit und schierer Begeisterung an Ihrer täglich neu zu erkundenden Umgebung. Leider erinnert sich niemand an Sie, wie Sie einst in Ihrer unverbildeten Essenz waren. Fest steht jedoch, dass Ihre von anderen und wahrscheinlich auch von Ihnen selbst vergessene Natur unvergleichlich brillant war. Ihre Neugier und Ihre Kreativität waren in ihren Ursprüngen vollkommen unbeeinträchtigt von der Zensur anderer Menschen. Und Sie selbst waren ganz und gar reines Potenzial, voller unbegrenzter Möglichkeiten – wie ein Kontinent, auf den noch keiner seinen Fuß gesetzt hat, wie eine Schatzinsel, deren geheime Rohstoffe und natürlich reine Quellen noch nicht entdeckt und ausgebeutet wurden, wie ein Fluss, dessen Bett noch nicht begradigt, ein Urwald, der noch nicht gerodet, ein Meer, das noch nicht verseucht, ein seltenes Tier, das noch nicht ausgerottet wurde.

Noch hat Ihnen niemand seinen Stempel aufgesetzt, Sie wie ein Pferd oder Rind aus einer ursprünglich freien Herde als sein Eigentum gebrandmarkt oder Ihre einzigartige Intelligenz aus einem breiten Strom, um der Konformität mit einer Gesellschaft oder Kultur willen, in ein schmales und spärlich tropfendes Rinnsal verwandelt. *Die geforderte Anpassung erlaubt weder Einzigartigkeit noch Größe. Was über den Durchschnitt hinausragt, muss gestutzt und beschnitten werden.*

Studieren Sie einmal ganz genau die Augen eines kleinen Kindes. Was Ihnen in diesen Augen begegnet, ist eine durch und durch offene, freudige und freundliche Neugier. Auch Sie haben einmal aus solchen staunenden, strahlenden, unschuldigen Augen auf die Welt geblickt. *In Kinderaugen können Sie sich selbst in Ihren Ursprüngen begegnen – und das Lebewesen entdecken, das Sie waren, bevor Sie vorgaben, irgendjemand zu sein.*
Als Kind waren Sie furchtlos, Ihr Blick noch ungetrübt. Sie erlebten jeden Augenblick als Wunder und aus einer gespannten, völlig offenen Neugier heraus. Wenn Sie Ihre Wahrnehmung heute so weit öffnen und dahin zurück ausdehnen könnten, würden Sie Ihre Gefühle und Empfindungen wahrscheinlich als eine Art göttlicher Ekstase und Verzückung beschreiben, wie sie große Künstler oder Sportler erfahren. Und genau dieses Gefühl zeigt Ihnen, wer Sie wirklich waren, bevor Sie angefangen haben, irgendwelche Rollen zu spielen. Lassen Sie dieses Gefühl tief auf sich wirken. Und erkennen Sie, dass dieses ganze Potenzial noch heute in Ihnen steckt: das unbeschriebene Blatt, die unbemalte Leinwand, der leere Raum, der nur darauf wartet, von Ihnen und Ihren ureigentlichen Begabungen ausgefüllt zu werden, um einen noch leeren, genau für Sie bestimmten Ort innerhalb der Schöpfung einzunehmen.

Welche Federn Sie anlegen, um in der Welt Ihr stolzes Pfauenrad zu schlagen

Andere Menschen erleben Sie als die Persönlichkeit, die in Ihrer physischen Präsenz erscheint und die durch Ihre Begegnungen mit Ihren Mitmenschen durchklingt. Mit anderen Worten: Andere Menschen kennen Sie vor allem als Resonanzkörper – in Ihren Reaktionen auf die Sie umgebende Welt. Und darin liegt Ihr animalischer Magnetismus – der aus Ihren Handlungen fließt. In Ihrer frühen Kindheit, als etwa zweijähriges Kleinkind, war ständiges Handeln Ihr Mittelpunkt. Sie waren wie eine kleine ständig ratternde und puffende Maschine und eroberten sich Ihre Welt durch Ausprobieren. Sie waren damals wie eine Naturgewalt. Sie rannten und spielten voller Selbsthingabe und bis zur totalen Erschöpfung. Und alles, was Sie in jener Zeit erlebten, hat Ihre ganz individuelle Identität erschaffen. Die Erinnerung daran ist Ihrem Muskelgedächtnis eingraviert: Ihre heutige Körperhaltung zeigt, wie Sie mit Gefahren umgehen – seien es wirkliche oder nur eingebildete.

Die Persönlichkeit beruht auf Handlungen und Erfahrungen. Wenn Sie in Aktion sind, ist Ihr Denken klar. Und je intensiver Sie sich einer Sache widmen, je mehr Sie sich voll und ganz engagieren für etwas, das Sie fasziniert, desto stärker werden Sie durch Ihre physischen Verspannungen hindurchgejagt. Auf diese Weise verwandeln sich Ängste in Begeisterung und Aufgaben in Abenteuer.

Sie können Ihre eigene Persönlichkeit ebenso wenig erkennen, wie Sie sich selbst in die Augen blicken können – dazu brauchen Sie einen Spiegel. Weil aber Ihre Persönlichkeit Ihrer Essenz nahe steht, kennen Ihre guten Freunde Sie besser als Sie sich selbst. Sie wissen, was es bedeutet, mit Ihnen befreundet zu sein. Sie sehen Ihre Schwächen vor dem Hintergrund all der wunderbaren Eigenschaften, aufgrund derer Ihre Freunde Sie so schätzen. Die Urteile Ihrer Freunde über Sie sind nicht so hart wie Ihre eigenen über sich selbst.

Filmriss: Ihr ganz privates Kopfkino

Sie selbst kennen sich als Ego. Als ein Wesen voller verborgener Sehnsüchte und dunkler Stimmungen, das Sie hinter einer sorgfältig konstruierten sozialen Maske verbergen. In diesem ganz privaten Reich werden Sie von inneren Bildern gejagt, die machtvoll aus dem Schattenreich des Unbewussten an die Oberfläche drängen. Unterdrückte Ängste faulen in den düsteren Verliesen dieses Kellers im Kopf. Ständig sind Sie der Anstrengung ausgesetzt, irgendetwas vorgeben zu müssen, was nur Ihre Frustration verstärkt. Eingesperrter Zorn und heimliche Wut schreien wie gejagte Gespenster nach Erlösung. Aber Ihr ängstliches Ego hält den Deckel drauf und zwingt Sie dazu, Ihre Gefühle in Schach zu halten, damit keiner Ihre geheime Agenda entschlüsseln kann.

Ihr Ego ist das Gedankenkino, das sich ständig in Ihrem Kopf abspielt und mit dem Sie ganz allein sind, weshalb sich Ihr Film leicht verheddern kann. Keiner, außer Ihnen, hat Zugang zu dem Projektor. Und in dem Film, der da auf der Leinwand läuft, sind Sie Drehbuchautor, Regisseur und Hauptdarsteller zugleich.

Ihr Ego ist ganz und gar Ihr eigenes Konzept. Es ist tatsächlich rein konzeptuell in dem Sinne, dass es nicht wirklich existiert. *Dennoch ist es zugleich alles, was Sie selbst zu sein glauben und womit Sie nach Bedeutung und Unsterblichkeit streben.* All Ihre Ideen und alles, woran Sie glauben, entspringt Ihrem Ego. Dieses Ego zerstören zu wollen wäre jedoch ein Fehler, weil es ein integraler Teil von uns ist. Ein starkes Ego schafft große innere Stärke. Es treibt uns dazu an, zu Gewinnern zu werden und vor den Massen auf der Bühne des Lebens aufzutreten.

Daher ist nichts Falsches daran, jeden Tag ein ganz bestimmtes Gesicht aufzusetzen. Dies gilt allerdings nur so lange, wie die Rollen, die Sie spielen, aus Ihrer inneren Essenz herausfließen. Das Ego ist eine gute Sache. Die ganze Welt ist eine Bühne. Sie können so viele Rollen spielen, wie Sie wollen, solange Sie dafür nicht Ihre Muskeln verspannen oder Ihre innersten Sehnsüchte verraten müssen. Es macht Spaß, verschiedene Rollen im Leben zu spielen, solange Sie diese nicht mit dem Menschen verwechseln, der Sie wirklich sind. Nur wenn unser Ego zu einem falschen Ego wird, verwandelt sich unser natürlicher Schmerz, der zum Leben dazugehört, der uns reifen und wachsen lässt, in dauerhaftes Leiden.

Der zerstörerische Bösewicht in Ihrem Leben

Der wahre Schurke und Zerstörer Ihres Lebens ist eine Verzerrung Ihres Ego. Das falsche Ego ist jener Teil in Ihnen, vor dem Sie sich fürchten, jener Teil, der Sie um keinen Preis sein wollen. Er ist die dunkle Seite in Ihnen, die sich maskiert – aus Furcht, von anderen entdeckt zu werden. Dennoch ist dieser Teil nicht mehr als ein flackerndes Bild vor dem Hintergrund Ihres Gehirns. Ihre ganzen Schuldgefühle und Sorgen sind Aspekte eines gestörten Ego. Ein falsches Ego flüstert einem ein, dass man im Recht ist, während alle anderen Unrecht haben, dass man selbst alles richtig macht, die anderen aber alles falsch. Außerdem hat dieses falsche Ego die Neigung, alle Sichtweisen, die unserer eigenen widersprechen, zu negieren und auszulöschen. Dieses falsche Ego regiert unseren Tagesablauf und alle unsere Unternehmungen, wählt unsere Freunde aus und bestimmt unsere beruflichen Karrieren – allein aus einer Reaktion auf unsere tiefsten Ängste heraus. Verweigerung und zögerliches Verhalten diktieren unseren Lebenspfad, solange die Impulse des falschen Ego vorherrschend sind.

Dennoch besteht keinerlei Grund dazu, jetzt Krieg gegen sich selbst zu führen oder sich entscheidend verändern zu wollen, weil sämtliche Versuche, sich selbst verbessern zu wollen, nur dazu führen, dass dieser zerstörerische Betrüger und Schwindler verstärkt wird und nur noch mehr sein Unwesen treibt. Sie können die Verwirrung durch Ihr falsches Ego zur Ruhe bringen, indem Sie sich Herausforderungen stellen und handeln. *Jegliche Form tätigen Seins wird Sie von Ihrem falschen Ego ablenken.* Doch lassen Sie uns noch eine Weile bei Ihrem falschen Ego bleiben, damit Sie besser erkennen können, wann es wirksam wird und wie Sie entsprechende Gegenmaßnahmen ergreifen können.

Schattenspiele

Was der unerlöste Tiger in Ihnen anstellt

Alle Menschen sind Raubtiere – ausnahmslos. Als Symbol dafür soll im Folgenden der Tiger stehen. Die Sozialisierung bringt es jedoch mit sich, dass die Raubtiernatur im Menschen gezähmt und gebändigt werden muss. Dennoch lebt dieser unerlöste Tiger in allen von uns weiter. Unschädlich wird er aber nicht etwa durch Domestizierung, sondern dadurch, dass wir wissen, dass er in uns lebt und was er anstellt, wenn wir ihm nicht genügend Beachtung schenken und ihn zu seinem Recht kommen lassen, wenn wir ihn nicht als einen Teil von uns wahrhaft integrieren und annehmen. Noch einmal: *Alle Menschen sind Raubtiere – ausnahmslos.*
Aufgrund dieses Teils ihres Seins benutzen Menschen buchstäblich den größten Teil ihrer Intelligenz dazu, sich gegenseitig anzugreifen und sich wechselseitig von jedwedem Erfolg abzuhalten. Bricht einer aus der Herde aus, wird er reich oder glücklich oder gar beides, greift ihn die Herde an. Wir freuen uns weder über unsere eigene Lebendigkeit noch über die anderer Menschen. Wir schätzen weder unsere eigenen Qualitäten noch die anderer. Dabei haben Männer und Frauen jeweils ihre eigenen Strategien und Waffen der Unterdrückung. Männer unterdrücken Frauen mittels Geld, Frauen unterdrücken Männer mittels Sex.
Und bei all diesem unseligen Tun flüstert uns die Stimme des unerlösten Tigers in uns ständig ein: »Ich habe Recht, alle anderen aber haben Unrecht.«

Zwei Studien in Fanatismus
oder: der ganz alltägliche Wahnsinn

Mephistopheles I: Die Kraft, die stets das Böse will
Nehmen Sie irgendein x-beliebiges Thema – Ausländerfeindlichkeit, Asylpolitik, Homosexualität, Adolf Hitler oder Saddam Hussein. Jeder hat eine Meinung zu diesen Themen. Wer aber hat die richtige Meinung? *Seltsamerweise glaubt ausnahmslos jeder, der sich dem unerlösten Tiger in sich selbst nicht gestellt hat, dass seine Ansicht richtig ist, dass nur seine Sichtweise Gültigkeit hat.* Und dies ist tatsächlich ein erstes Anzeichen von ernsthafter Geisteskrankheit.

Stimmt nun eine Gruppe in ihrer Sichtweise überein, glaubt sie als Gruppe Recht zu haben. Dann haben aus Sicht der Gruppe all jene, die ihre Auffassung nicht teilen können, Unrecht. Wenn zwei derart selbstgerechte Menschen sich zusammentun, werden sie nicht doppelt irrational, sondern mindestens zehnmal so viel. Je größer die Gruppe solcher verbohrt rechtender Gleichgesinnter, desto irrationaler, verrückter und unberechenbarer wird sie. Auf diese Weise entsteht Mob, der sich gegenseitig aufschaukelt – bis hin zu den entsetzlichsten Gräueltaten.

Die Geschichte ist voll von solchen Beispielen: Hexenverfolgung, Inquisition, Vernichtung der Juden und Genozide jeglicher Art, Selbstmordattentate, Massenvergewaltigungen und -hinrichtungen, Kolonialisierung und Zerstörung von Kulturen, die als minderwertig betrachtet werden. Alle diese Schreckenstaten sind nur möglich vor dem Hintergrund, dass Gruppen oder ganze Völker sich im Recht glauben, was ihnen den Freibrief dazu gibt, zu morden und zu brandschatzen, zu zerstören und zu verwüsten.

Dabei wird die unterlegene Partei stets zum Objekt gemacht, wird gleichzeitig das Böse, das es zu vernichten gilt, stets nur im anderen gesehen. Doch solange Menschen nicht erkennen, dass sie diesen Killerinstinkt und diese schwere Geisteskrankheit in sich tragen, dass sie diesen Hitler, diesen Saddam Hussein, gegen den sie sich so empören, in sich selbst tragen, wird ein Verrückter alle ihre Lebenspläne für sie machen. Dieser unerlöste Tiger versteckt sich in unserem Kopf und richtet heimlich all unsere Gedanken aus.

C. G. Jung, Begründer der Analytischen Psychologie und – neben Sigmund Freud und Alfred Adler – einer der drei Wegbereiter der modernen Tiefenpsychologie, bezeichnet ihn als Schatten. Der Schatten ist gleichsam ein Spiegelbild des Ich und setzt sich aus den teils verdrängten, teils wenig oder gar nicht gelebten psychischen Zügen des Menschen zusammen, die von vornherein aus moralischen, sozialen, erzieherischen oder sonstigen Gründen weitgehend vom Mitleben ausgeschlossen wurden und darum der Verdrängung bzw. Abspaltung anheimfielen.

Solange Sie nicht erkennen, dass auch Sie diese massive Störung haben, dass in Ihnen ein unerlöster Tiger oder auch Schatten sein Unwesen treibt, können Sie kein gutes Leben führen, geschweige denn, ein solches für sich entwerfen.

Es gibt zahllose Formen des körperlichen und seelischen Mordes an anderen Menschen. Für die wenigsten davon kommt man ins Gefängnis. Sie können andere Menschen bereits durch Ihre schlechten Gedanken vernichten und zerstören. Ungleich schwerer wiegen Reden und Handeln gegen Ihre Mitmenschen.

Mephistopheles II: Die Kraft, die stets das Gute will
Die Kehrseite der Medaille sind falsche Gurus, Sekten-

führer und Menschenfänger. Sie suggerieren ihren Jüngern, dass die Stimme in ihrem Kopf heilig sei, dass sie im Besitz der allein selig machenden Wahrheit seien. Kraft dieser Stimme in ihrem Kopf, die sie für Gott halten, verbreiten sie eine Lehre, der die Menschen zu folgen haben, verfassen ein Schrifttum, das für sich in Anspruch nimmt, Wahrheit zu sein. Dabei glauben diese selbst ernannten Gurus ernsthaft, als Einzige den Willen Gottes zu kennen. Und der Wille Gottes kann nicht darin bestehen, dass wir alle Spaß haben und uns des Lebens erfreuen. Wir alle müssen sterben und uns irren, müssen der Gleichmacherei durch den jeweiligen Sektenführer oder Menschenfänger folgen. Wer mit seiner Auffassung übereinstimmt, darf überleben, alle anderen werden umgebracht. Dies ist die Katastrophe, in die selbst große Religionen geraten, werden sie von selbstgerechten, menschlichen, allzu menschlichen Jüngern verwaltet. Hier blicken wir direkt hinein in die grausam verzerrte Fratze des religiösen Fanatismus.
Fanatismus jeglicher Art folgt dem immer gleichen irrationalen und zerstörerischen Grundgesetz. Es lautet: »Ich habe Recht, die anderen aber haben Unrecht.« Und solange dieser mentale Irrsinn unsere geschundene Welt überzieht, kann er jederzeit wieder seine gefährlich verseuchte Strahlkraft entfalten und tausendjährige Reiche gebären, die den jeweiligen Herrschern einen Freibrief zum Massenmord an Andersdenkenden ausstellen.

Die Natur des falschen Lammes

Menschen, die sich nicht mit ihrer eigenen Raubtiernatur auseinander gesetzt haben und sie leugnen, begegnen uns oft in Gestalt von falschen Lämmern. Sie verbreiten eine unerträgliche Form des Gutmenschentums ohne Fehl und Tadel. Da sie das Böse in sich selbst lediglich leugnen, spielen sie jedoch nur den Part des Guten, ohne wirklich gut zu sein. Sie folgen einer Ethik, die sie sich anerzogen oder angelesen haben, ohne sie wahrhaft zu leben und mit ihrem Innersten auszufüllen. Wer seine schlechten Seiten nicht erkennt und integriert, ist jedoch nicht automatisch gut. Falsche Lämmer sehen den Balken des Bösen grundsätzlich nur im Auge des anderen. Daher verfolgen sie grimmig alles Böse, das sie in anderen Menschen wittern, und neigen zur Verurteilung anderer. In ihrer Gegenwart kann man kaum atmen, weil das eigene Böse machtvoll gegen sie herausgefordert wird und prompt mit Macht auf den Plan tritt – ganz einfach, um zu überprüfen, ob die Gutheit dieser Menschen allen Anfechtungen standhält oder ob es nicht doch möglich ist, sie zum Umschlag zu bringen.

Wie unser Wesen, das aus Gut und *Böse besteht, hat auch unser Bewusstsein eine binäre Struktur: Wir erkennen Licht nur durch das Vorhandensein von Schatten, Glück nur durch unsere Erfahrung von Unglück. Mit anderen Worten: Unser Bewusstsein agiert vor dem Hintergrund sich widersprechender Pole und braucht diese notwendigerweise, um überhaupt funktionieren zu können.*

Die Natur des falschen Lammes besteht aber nun gerade darin, die Erkenntnis dieser Pole innerhalb seiner selbst zu leugnen. Auf diese Weise bleiben Denken und Erkennen des falschen Lammes zweidimensional und entbehren jeglicher Tiefe. Die Natur des falschen Lammes besteht darin, die Pole aufteilen zu wollen und dabei sich selbst den Part des Guten zu reservieren, während die anderen ausschließlich den Part des Bösen zu übernehmen haben. Das falsche Lamm verhält sich anderen gegenüber immer nett, ohne wirklich nett zu sein. Es will es allen anderen recht machen, aber nicht, um diesen

Gutes zu tun, sondern um unbehelligt bleiben und unangefochten in seiner Selbstgerechtigkeit verharren zu können. Somit entpuppt sich das falsche Lamm als die dunkelste Schattenseite des Menschen. Das falsche Lamm ist nichts anderes als ein unerlöster Tiger im Lämmergewand, ein nur mäßig bemäntelter Wolf im Schafspelz. Das Raubtier in ihm wird so lange sein Unwesen treiben, bis er es schließlich erkennt, akzeptiert und integriert.

Die Doppelnatur des Menschen

Das Paradox von Tiger und Lamm

Menschen sind merkwürdige Halbwesen, angesiedelt zwischen dem Göttlichen und dem Animalischen. Als Symbol für diese Doppelnatur stehen in vielen Mythen Tiger und Lamm. Der Tiger ist der animalische, das Lamm der göttliche Anteil im Menschen. Nur wenn beide versöhnt werden, wenn Tiger und Lamm friedlich miteinander existieren können, kann sich ein selbst verwirklichter Mensch entfalten.

Wie wir gesehen haben, hat es ebenso wenig Sinn, die Tigernatur zu unterdrücken, wie ein falsches Lamm spielen zu wollen. Wir sind weder ausschließlich Tiger noch ausschließlich Lamm. *Nur wenn wir unsere Doppelnatur akzeptieren, können wir daraus zu unserer ganzen Lebenskraft und Stärke finden, können wir die animalische Urkraft in uns in etwas Positives verwandeln.* Es ist ausgeschlossen, nur einen von beiden Teilen leben zu wollen, weil es der menschlichen Natur widerspricht. Das bedeutet nicht, dass wir zu reißenden Raubtieren werden sollen, die all ihren Instinkten nachgeben, sondern dass wir erkennen und uns stets dessen bewusst sind, dass wir alle diese bedrohlich erscheinende Seite in uns tragen.

Das Baumgleichnis

Haben Sie schon einmal darüber nachgedacht, wie das Wasser von den Wurzeln eines meterhohen Baumes in seine Krone gelangt? In der Natur steckt eine enorme Lebenskraft und Intelligenz, die das Wasser dazu veran-

lasst, sich bewegen zu wollen, und die es durch den ganzen Baum, in jeden einzelnen Zweig und in jedes einzelne Blatt treibt. Diese Lebenskraft ist ebenso machtvoll wie subtil.
Sie wohnt auch dem Menschen inne und wurde von verschiedenen Kulturen erforscht. In östlichen Kulturen wird sie als »Chi« bezeichnet. Diese Kraft ist nicht etwa zerstörerisch, gewalttätig und brutal, sondern sanft und freundlich. Mit ihrer Hilfe wird etwas in Ihrer Seele bewegt und ans Licht geholt, werden Sie zu dem Menschen, der Sie sein können. Die menschliche Lebenskraft ist eine wunderbare Energie, ja eine Schöpferkraft, dazu bestimmt, das Beste aus uns allen herauszuholen, in jedem Sinne schöpferisch tätig zu werden – sei es durch die Zeugung von Kindern oder durch die Planung und Ausführung von Projekten in allen Bereichen der Kunst, der Wissenschaft und der Wirtschaft.
Und wenn Sie ganz zu dem Menschen werden, der Sie sind, wird etwas aus Ihnen herauskommen, das man als Innovation bezeichnet: etwas ganz und gar Neues, noch nie Dagewesenes. Etwas will aus Ihnen herausbrechen und geschehen, will Gestalt annehmen. Es ist ungeheuer machtvoll. Daher macht es auch Angst. *Viele Menschen fürchten sich vor dem, was aus ihnen herausdrängen will, und die Gesellschaft gibt ihnen Recht, weil angepasste Menschen leichter zu handhaben und zu steuern sind.*
Kehren wir noch einmal zum natürlichen Wachstumsprozess eines Baumes zurück. Ein gesunder Baum entwickelt sich in zwei einander entgegengesetzten Richtungen: nach oben, in den Himmel, und nach unten, in die Erde. Ein Baum muss seine Wurzeln tief in die Erde vergraben, und diese wiederum müssen sich immer weiter verzweigen, müssen nach allen Seiten unterirdisches Neuland erobern, tastend und suchend sich im unbe-

kannten Dunkel ausbreiten, um Stamm und Krone des Baumes Halt und Stärke gegen Stürme und andere Unbilden des Wetters zu geben und um ihn zu nähren. Nur wenn er für seinen Halt im Dunkel sorgt, kann er mit seiner Krone dem Licht und der Sonne entgegenwachsen, immer weiter, höher und breiter. Es geht um ein Äquilibrium – ein gesundes Gleichgewicht der Kräfte, die für einen Ausgleich zwischen oben und unten, zwischen Höhe und Tiefe sorgen; das Wachstum sollte mit derselben Kraft in beide Richtungen voranschreiten.
Ähnlich steht es mit dem Menschen: *Es gibt kein Wachstum in die höchsten Höhen ohne den Weg in die Tiefe, kein Glück ohne die Erfahrung von Leid und Schmerz.* Alle Menschen streben nach Glück und wollen nach Möglichkeit leidvolle Phasen vermeiden. Doch diese sind ebenso unumgänglich wie notwendig, weil sie uns Tiefe verleihen, uns reifen lassen und nicht zuletzt deshalb, weil unsere Empfindungsfähigkeit für das Glück durch die Erfahrung von Schmerz und Leid geschärft wird, weil wir nur wirklich glücklich sein können, wenn wir uns mit demselben Ernst und derselben Gewissenhaftigkeit auf Schmerz und Leid einlassen. Das mag unbequem klingen, doch Sie sollten sich nichts vormachen: Glück bedeutet harte Arbeit, in Leid und Schmerz zu verharren dagegen, sich dem Kräftespiel zwischen Glück und Leid als zwei einander sich widersprechenden menschlichen Erfahrungen entziehen zu wollen, ist viel einfacher. Doch der Preis dafür ist unendlich hoch: Sie bezahlen mit der Münze Ihrer einzigartigen Vitalität und Ihrer Begabungen, wenn Sie sich ausschließlich im Reich des Dunkels aufhalten. Ihre Wahrnehmung und Ihre Sinne werden zunehmend getrübt, Sie stumpfen ab und leben mehr und mehr wie unter schwerer Betäubung, fühlen sich und den Lebensstrom immer weniger, geben alle Ihre Träume auf und bringen das Leben einfach nur hin-

ter sich, ohne wirklich gelebt zu haben. Doch damit gehen Sie am unendlichen Reichtum des Lebens vorbei, das Sie unendlich fordert, aber auch ebenso belohnt, wenn Sie beide Pole – Glück und Schmerz – umarmen. Der Versuch, Leid zu umgehen, wird mit einem doppelten Preis bezahlt: mit zunehmender Taubheit gegenüber der eigenen Empfindungsfähigkeit und der Unfähigkeit zu wahrem Glücksgefühl. Wer sich im Einerlei des Aschgrau einrichtet, nimmt schließlich keinerlei Farben mehr wahr.

Bekennen Sie Mut, und lassen Sie sich durch schwere Zeiten nicht verwirren oder entmutigen. Sie müssen nur lernen, schwierige Situationen richtig zu lesen: *Wenn Sie ein dunkles Tal durchqueren, ist dies ein untrügliches Zeichen dafür, dass etwas in Ihnen wachsen will, dass etwas in Ihnen machtvoll ans Licht drängt. Sie wachsen wie ein Baum in die Tiefe, um anschließend oder gleichzeitig die höchsten Höhen erklimmen zu können.* Ich werde Sie lehren, beides zu beherrschen.

Wie Sie geboren wurden
und wohin Ihr Weg Sie führte

Jeder Mensch durchläuft in seinem Leben die Reise von einem strahlenden, neugierigen Kind zu einem von schweren Bürden und Lasten gezeichneten Erwachsenen. Jeder von uns schlägt zwar einen anderen Pfad ein, doch wir alle gehen durch dasselbe dunkle Tal. Nicht jeder von uns findet den Weg wieder zurück zu der Lebendigkeit, an der wir uns als Kinder so erfreut haben. *Menschen, die zu ihrer wahren Natur zurückfinden, nehmen die Wirklichkeit besser und zutreffender wahr. Sie verstehen andere Menschen besser. Sie werden zu führenden Persönlichkeiten, die eine produktive Gesellschaft begründen.* Um sich selbst wirklich kennen zu lernen, müssen Sie verstehen, wie Sie sich entwickelt haben.

Wir alle werden süß und reif geboren – wie eine Frucht, die von einem Baum fällt. In uns liegt die Saat für etwas ganz Großes. Wir sind lebendig, haben aber noch keine Wurzeln. Wir sind ganz und gar Möglichkeit, wie ein schaukelndes, zitterndes Blatt im Wind. Weil wir uns ganz mit unserem Körper identifizieren, können wir uns nicht vorstellen, was wir werden könnten – ebenso wenig wie die Raupe darüber meditieren kann, wie sie dereinst ein Schmetterling werden wird.

Während wir heranreifen, verlieren wir den Glanz der Jugend, unser Körper verfällt. Wir sehen in den Spiegel und beobachten, wie die Blüte der Jugend in unserem Gesicht immer mehr verblasst. Die Frucht verwelkt, um mit ihrer Kraft eine innere Saat der Intelligenz zu nähren. Während wir altern, benutzen wir diese Kraft im Idealfall dazu, die Essenz, die schlafend und eingerollt in uns liegt, zu entfalten. Wenn die Umgebung fruchtbar ist, schafft es unsere einzigartige Saat, in der Erde aufzugehen und den Menschen hervorzubringen, als der wir gemeint waren.

Wenn eine Eichel den Boden berührt, hat sie die Chance, zu einer mächtigen Eiche zu werden. Manche Eicheln schlagen Wurzeln, die Mehrzahl schafft es nicht. Ganz wenige wachsen nach einem optimalen Muster heran. Doch die überwiegende Mehrzahl der Saat stirbt ab, ohne auch nur im Entferntesten erfahren zu haben, was aus ihr hätte werden können. Ebenso sterben die meisten Menschen und nehmen die geheimnisvolle Sphärenmusik, die in ihnen schlummert, mit ins Grab, ohne sie jemals zum Klingen gebracht oder selbst vernommen zu haben.

Aber Sie sind ein Darsteller auf der Bühne des Lebens. *Wenn Sie Ihre wahre Stimme finden, haben Sie etwas ganz Wesentliches zu sagen. Da gibt es etwas, das Sie tun wollen. Da gibt es jemanden, der Sie werden sollen. Wenn Sie das herausfinden, werden Sie es schaffen. Menschen, die ihre innerste Berufung finden, sind die glücklichsten.* Sie erfreuen sich an einem Gefühl des Erfülltseins, das sich dann einstellt, wenn ein Mensch einen wesentlichen Beitrag für die Gemeinschaft leistet. Der Weg zu diesem Erfülltsein ist kein Geheimnis. Ich werde Ihnen eine Landkarte an die Hand geben und Ihnen zeigen, wie Sie den Mut finden werden, ihr zu folgen.

Die Landkarte

Die Zeichnung – sie stammt von Leonardo da Vinci – zeigt eine gedoppelte menschliche Figur, die wie ein Baum angelegt ist: Der Mann streckt sich nach oben wie eine Baumkrone hin zum Licht aus, während sich seine gedoppelte Gegenfigur wie Baumwurzeln tief in den dunklen, schattigen Grund seines Seins vergräbt.

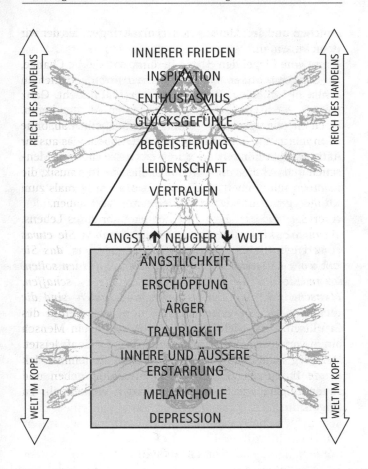

Auf seinem Schattengrund sehen Sie ein graues Quadrat. Dieses steht symbolisch für das Ego, das wir in den vorangegangenen Kapiteln bereits kennen gelernt haben. Dies ist die Welt als Konzept in Ihrem Kopf. Innerhalb dieser Welt denken Sie wie ein Höhlenbewohner, dessen Höhle aus Angst und Sorgen besteht.

Das helle Dreieck in der oberen Hälfte der Zeichnung symbolisiert die Welt der Handlungen und des Aktivseins, in der Ihre Persönlichkeit spontan agiert.
Die Zeichnung symbolisiert die Landkarte der menschlichen Erfahrungen, Wahrnehmungen und des Bewusstseins.
Wenn Sie eine gesunde und glückliche Kindheit hatten, verbrachten Sie den meisten Teil Ihrer Zeit im Reich der Aktivität, gekennzeichnet durch das helle Dreieck.
Nur zu schade, dass dies nicht so bleiben durfte: Im Durchschnitt sind wir etwa 20 Jahre alt, wenn wir in das Reich der Sorgen (graues Quadrat) eintreten. Wahrscheinlich verbringen Sie jetzt die meiste Zeit in dieser dunklen, brütenden Welt. Ein schwacher Trost: Im Laufe ihres Lebens verlieren die meisten Menschen ihre Orientierung hin zum Reich des Aktivseins (helles Dreieck) und brüten stattdessen tatenlos in ihrer Welt im Kopf.
Wahrscheinlich wollten Sie niemals innerhalb des Reiches der Sorgen und der Welt im Kopf leben. Doch die Gesellschaft hat es Ihnen nicht leicht gemacht, sondern hat Sie erst einmal zu einem Aufenthalt in diesem Jammertal gezwungen. Wenn Sie daher keinen begnadeten Architekten für Ihr Leben gefunden haben, wird dieses augenblicklich eher einem trostlosen Reihenhaus in einer uniformen Vorstadtsiedlung ähneln als einem kleinen Schlösschen oder Herrenhaus auf einem sanften Hügel mit Blick über die Landschaft.
Können Sie sich heute noch an den Tag erinnern, an dem Sie erkannten, dass Sie einen durchschnittlichen Job haben und ein durchschnittliches Leben führen würden? In Wirklichkeit aber wurden Sie für das Abenteuer geschaffen. Selbst die niederschmetterndsten Hindernisse und Fehlschläge können vor diesem Hintergrund nur als Ausreden dienen. Das Leben ist entweder ein aufregendes Abenteuer oder – gar nichts.

Hinter der Fassade, die Sie sich mühsamst aufgebaut haben, sind Sie etwas ganz Großes und Einzigartiges. Tief in Ihrem Sein erinnern Sie sich schwach an Ihre wahre Natur. Lassen Sie uns diese mit Hilfe der Landkarte wie Archäologen wieder ausgraben. Damit Sie zu neuen Ufern eines selbst bestimmten Lebens aufbrechen können.

Körperliches Wachstum ist sichtbar, seelisches dagegen nicht. Letzteres ist chaotisch und voller Paradoxe. Wachstum bedeutet Wandlung. Und wie der legendäre Phönix müssen Sie nach einem langen Weg des Leidens wieder aus Ihrer eigenen Asche zu neuem Leben auferstehen. Und dabei möchte ich Ihnen helfen.

Doch um zu erkennen, was Sie in Ihr ganz persönliches Leid geschickt hat, werde ich Ihnen jetzt zuerst einmal vorführen, wie die Lebenskurve der meisten Menschen verläuft, damit Sie als Erstes erkennen, dass Sie nicht allein in Ihrem Leid sind. Denn dies ist der häufigste Irrtum aller Menschen, die sich auf eine starre Leidensgemeinschaft eingeschworen haben: dass ihr Leid einzigartig und unvergleichlich sei.

Abstieg und Fall:
die Vertreibung aus dem Paradies

Betrachten Sie die Landkarte auf Seite 77. In ihr finden Sie eine Skala des Abstiegs und Falls, den wir alle im Laufe unserer Entwicklung von der Geburt an durchlaufen, von den Gefühlen höchsten Glücks bis hin zu den Gefühlen tiefsten Leids. Die Skala bezieht sich auf einen gesunden Menschen, bei einem psychisch Kranken reichen Abstieg und Fall noch weitaus tiefer in Reiche völliger Verdüsterung und absoluter Dunkelheit. Im Folgenden möchte ich Ihnen die einzelnen Stadien der

Entwicklung des Menschen vom Mutterleib bis hin zu seiner Existenz als Erwachsener nachzeichnen. Dieser Weg führt unweigerlich vom oberen Ende der Skala bis hin zum unteren.

Doch wie Sie im Baumgleichnis des Kapitels »Die Doppelnatur des Menschen« sehen konnten, ist es für einen Menschen notwendig, ebenso nach oben wie nach unten zu wachsen. Verfehlt für ein Menschenleben wäre es nur, wenn Sie sich in den Reichen Ihres Wachstums in der Richtung nach unten verlieren würden. *Um ein reiches, erfülltes Dasein genießen zu können, müssen Sie lernen, die gesamte Skala zu leben, da sich Höhen und Tiefen im Leben gegenseitig bedingen: Nur wer bereit ist, sich auf die tiefsten Tiefen einzulassen, erlebt den Zenit der höchsten Höhen. Und nur wer sich nach den höchsten Grenzerfahrungen sehnt und sie erlebt hat, kann mit der Notwendigkeit der Erfahrung der tiefsten Tiefen umgehen, ohne sich darin zu verlieren.*

Jedes Leben schöpft seinen einzigartigen Reichtum aus der Erfahrung und Meisterung der ganzen Bandbreite. Es ist unabdingbar, Tiefen zu erleben. Es widerspricht jedoch dem einzigartigen Geschenk des Lebens, sich gänzlich in den Reichen der Dunkelheit und des Leidens zu verlieren. Jeder Mensch sehnt sich nach den Höhen und braucht sie lebensnotwendig zu einem erfüllten Dasein. Doch in keinem dieser beiden Reiche können wir uns ausschließlich aufhalten. Es bedarf daher einer gewissen Kunstfertigkeit, mit beiden Enden der Skala umgehen zu lernen und von einem Reich in das andere übergehen zu können, im tiefsten Leid auch höchstes Glück zu erfahren. Und im höchsten Glück das tiefste Leid nicht zu vergessen. Und diese Kunstfertigkeit werden Sie nach und nach durch dieses Buch erlernen.

Es gehört zu den Paradoxa des menschlichen Lebens, dass das eine nicht ohne das andere zu haben ist und dass wir lernen müssen, dieses Paradox anzuerkennen und zu umarmen, ja, unser Sein aus diesem Paradox heraus zu begreifen. Beginnen wir daher mit dem Anfang eines jeden menschlichen Lebens und betrachten wir, wohin es uns führt, um daran zu erkennen, was wir verbessern können.

- *Das vorgeburtliche Sein:*
  im Reich der Essenz und des Entzückens

In der Fruchtblase des Mutterleibes schweben wir alle noch in ziemlich unbegrenztem Entzücken, sind ganz und gar vollständig, keinerlei Erinnerungen trüben unsere Verbindungen zu anderen Menschen, wir müssen noch in keiner Weise in Aktion treten. Dies ist Ihre Essenz. *Auf diesem Niveau der Essenz verfügen Sie noch über den vollständigen Umfang der Skala der Emotionen und Gefühle, die Sie auf der Landkarte sehen. Wenn Sie dann die Reise ins Leben antreten, beginnen Sie, einige der Höhen in einem vorhersehbaren Muster des Abstiegs und Falls zu verlieren.*

- *Nach der Geburt:*
  himmlische Ruhe und innerer Frieden

Sobald Sie die Sicherheit und den Schutz des Mutterleibs verlassen, zwingen die Bedürfnisse Ihres Körpers Sie dazu, in Aktion zu treten. Werden alle Ihre Bedürfnisse befriedigt, genießen Sie eine tiefe Ausgeglichenheit und Ruhe, fühlen sich friedlich vom Kopf bis zu den Zehenspitzen. Doch dann verspüren Sie zum ersten Mal das Gefühl von Hunger, sehen im Weinen Ihre einzige Zufluchtsmöglichkeit. Nach und nach lernen Sie, mit einigen Ihrer Bedürfnisse umzugehen, werden schließlich aber dazu gezwungen, bestimmte Verhaltensweisen an den Tag zu legen, um die Unterstützung durch Ihre Umgebung zu erhalten. Sie beginnen, eine Persönlichkeit zu entwickeln. Gleichzeitig sind Sie ganz und gar mit Ihrer physischen Existenz beschäftigt. Doch das ist nicht so schlimm, Ruhe und Ausgeglichenheit sind noch immer Ihre vertraute Basis, sind das Reich, in dem Sie sich zu Hause fühlen, und Ihr Körper strotzt die meiste Zeit vor Lebendigkeit. Doch *während wir heranwachsen, gewinnen wir so manches, verlieren dafür anderes. Unser ursprüngliches Entzücken verblasst, wir verlieren unser Gespür für das Wunder. Schon mit der Vollendung unseres ersten Lebensjahres ist dieses wunderbare Gefühl tiefen Friedens, der Ruhe und der Ausgeglichenheit deutlich schwächer geworden.* Doch dieses Gefühl der himmlischen Ruhe stirbt einen leichten Tod, weil wir immer noch Zugang zu einem reichen Schatz angenehmer und höchst erfreulicher Gefühle haben.

■ *Die Welt als reines Wunder: Inspiration*
Als Babys erwachen wir jeden Tag in einer neuen Welt, und einfach alles ist durch und durch inspirierendes Abenteuer für uns. Die Frische unserer Wahrnehmung und unsere Aufgeschlossenheit begeistern jeden, dem wir begegnen. Wildfremde beugen sich über unseren Kinderwagen, schneiden wunderbare Gesichter und geben gurrende Laute von sich. Doch leider werden unsere Bedürfnisse für die Menschen, die wir am meisten lieben, zur Last. Sie können nicht ständig auf unsere Inspiration reagieren. Nach und nach trüben sich unsere Augen ein wenig und wir hören damit auf, Inspiration als Frequenz unserer Kommunikation zu benutzen. Aber der Verlust ist nicht so tragisch, weil wir immer noch nahezu die ganze Bandbreite der Skala vor uns haben.

■ *Enthusiasmus*
Natürliche, ungebremste Begeisterung ist jetzt das höchste aller Gefühle, das wir erreichen können. Dieser Enthu-

siasmus hält so lange an, bis unsere Eltern das ganze Ausmaß unserer Forderungen an sie nicht mehr länger tolerieren können. Wir lernen, unsere Kehle und unseren Kiefer zu verspannen und uns selbst das zu verweigern, was wir brauchen, üben uns darin, die Befriedigung unserer Bedürfnisse hinauszuzögern. Weil aber der Verlust unseres Enthusiasmus die Zustimmung der anderen unserer Umgebung gewinnt, werden wir für unser Opfer wenigstens belohnt.

■ *Glücksgefühle*
Der nächste Verlust, den wir zu erleiden haben, ist das Gefühl tiefen Glücks. *In unserer frühen Kindheit sind unsere kleinen Herzen noch ganz erfüllt von Glück und Mitgefühl. Aber wir lernen schnell, diese Empfindungen wegzusperren – ganz wie es die Erwachsenen tun.* Sie bestrafen uns, und wir finden Wege, es ihnen heimzuzahlen, indem wir schmollen. Auf diese Weise verlieren wir unsere bedingungslose Liebesfähigkeit noch bevor wir alt genug sind, sie genießen zu können. In diesem Stadium unseres Heranwachsens kann unser Ausdruck so rasch von Glücks- zu Schuldgefühlen wechseln, wie sich der Tonfall in der Stimme unserer Eltern verändert.

■ *Begeisterung*
Noch lässt Begeisterung unsere Augen glänzen, aber sie ist bereits bedroht. *Der Rest unserer Kindheit verspricht zwar einen Reichtum an Abenteuern, doch gleichzeitig wächst der Druck, sich zu beruhigen, abzukühlen und sich anzupassen. Noch bevor wir unser erstes Lebensjahrzehnt vollendet haben, mussten wir bereits damit beginnen, mit falschen Rollen und Manierismen zu experimentieren – und das nur, um von Menschen akzeptiert zu werden, die nur wenig oder überhaupt kein echtes Interesse an uns haben.* Das tiefe Gefühl, zu unserer

Familie zu gehören, wird ausgelöscht durch Gruppendruck – ausgeübt von anderen, mehr und mehr auf sich selbst zentrierten jungen Leuten, die für oberflächliche Verbindungen ebenfalls aufgegeben haben, was wirklich zählt. Daher fühlt man sich mit acht, neun Jahren in der Regel ausgestoßen, meist von einer Gruppe. Ähnlich ergeht es einem innerhalb der Familie. Man empfindet Isolation.

■ *Leidenschaft*
Noch immer liegt der meiste Spaß vor uns. Der Verlust Ihrer höheren emotionalen Zustände diente dazu, Ihre Leidenschaft zu verstärken. Mit elf Jahren beginnen wir, sexuellen Aufruhr zu spüren, der jedoch sofort von wohlmeinenden Erwachsenen unterdrückt wird. Zwar verbreiten die Medien die Kunde von den Freuden der Sinnlichkeit mit Pauken und Trompeten, wir aber werden in unseren Teenagerjahren gewarnt vor diesen unvorhersehbaren Gefühlen, die wir gerade erst zu spüren beginnen. Verwirrende und sich widersprechende Botschaften der Gesellschaft ermuntern uns dazu, unsere sinnlichen Gefühle zu leugnen und zu unterdrücken. Die primäre Methode des Angriffs besteht im Erzeugen von Scham und Schuld, die Botschaft lautet, dass man Sinnlichkeit nicht genießen darf.

■ *Vertrauen*
Vertrauen ist unsere letzte Zuflucht, während wir zu jungen Erwachsenen heranreifen. Zwischen 18 und 21 erkennen wir, dass wir selbstständig werden müssen, dass wir unseren eigenen Lebensunterhalt verdienen müssen, indem wir irgendeinen Job ausführen, auf den wir nicht die geringste Lust haben. Statt in die Schule gehen wir jetzt zur Arbeit, verkaufen unsere Zeit gegen Geld. Ein unpersönliches System benutzt unseren Körper und

unseren Geist als Werkzeug. Noch vor Vollendung ihres 20. Lebensjahres erleben die meisten Menschen einen psychischen Zusammenbruch, der das Ende des guten Lebens anzeigt. *Unser erster Eindruck vom Erwachsensein ist ein Job, der uns unsere Aufmerksamkeit stiehlt – meist gegen einen Hungerlohn.*
Betrachten Sie noch einmal die Landkarte auf Seite 77. Wir sind jetzt an jenem Punkt angelangt, an dem wir das Reich des Handelns verlassen und in den Zwischenraum eintreten, der sich zwischen der natürlichen Welt (der Pyramide) und der Welt, die hauptsächlich in unserem Kopf besteht (das graue Quadrat), auftut. An diesem Punkt erleben wir eine Krise, die uns von unserer Familie entfernt und uns verstört zurücklässt, was den Sinn des Lebens anlangt. *Wir gehen durch eine dunkle Nacht der Seele voller Angst, Neugier und Wut. Warum nur hat uns keiner gesagt, dass dies das Leben sein soll? Warum hat uns keiner darauf vorbereitet?* Unsere Welt wird aus den Angeln gehoben, das Unterste kehrt sich zuoberst. Jetzt beginnt ernsthaft der Abstieg, und ein unnennbares Gefühl von Grauen erfüllt unsere Herzen und unseren Verstand.

- *Ängstlichkeit – die Eintrittskarte in die Welt der Sorgen*

Das entsetzliche Gefühl, dass irgendetwas furchtbar falsch gelaufen ist, beschleicht unser Denken, dringt in jede Pore unseres Körpers ein, gräbt sich tief in unser Muskelgedächtnis. Nahezu unmerklich macht sich physische Anspannung breit, zuerst in unseren Beinen und an den Pobacken. Was aber kein Wunder ist – schließlich kann in der Welt der Sorgen in jedem Augenblick etwas ganz Schreckliches geschehen: Vielleicht sind wir irgendwann einmal nicht mehr in der Lage, unsere Rechnungen zu bezahlen, und landen auf der Straße, oder gerade der Mensch, den wir über alles lieben, verlässt uns urplötzlich. Diesen Bedrohungen fühlen wir uns schutzlos ausgeliefert und preisgegeben.

■ Erschöpfung
Als Folge davon arbeiten wir umso härter und versuchen, irgendjemandem zu gefallen, ihm alles recht zu machen, bis uns die Anstrengung völlig erschöpft zurücklässt. Müdigkeit und Erschöpfung werden zu einem ständigen Begleiter, ja zu einer Art Lebensstil. Wir studieren und arbeiten von früh bis spät – aus Gründen, die uns nicht eigentlich klar sind. Zwischendurch erleben wir vielleicht flüchtig Freude am Sex, aber meistens bringen wir dafür weder die Zeit noch die dafür erforderliche Energie auf.

■ Ärger
Autoritätsfiguren erzählen uns, dass wir alle selbst unsere Wahl treffen. *Wir leben einfach nicht das Leben, das wir leben wollen, oder sind einfach nicht die Person, die wir sein wollen. Wir sublimieren unsere Sehnsüchte in Rollen, die wir ganz einfach deshalb spielen, weil man sie von uns erwartet. Das Gefühl, dass etwas furchtbar falsch gelaufen ist, verstärkt sich.* Physisch macht sich das Gefühl von Ärger im Unterbauch bemerkbar. Und es ist ablesbar in den Augen der meisten Menschen, mit denen ich gearbeitet habe.

■ Traurigkeit
Neben Ärger ist Traurigkeit das Gefühl, das ich in meiner Arbeit mit Menschen am zweithäufigsten angetroffen habe. Traurigkeit wirkt weicher und weniger gefährlich als Ärger, daher heißen wir sie in unserem Herzen willkommen. Niemand liebt uns um unserer selbst willen. Wir müssen unseren Lebensunterhalt verdienen, eine

Familie ernähren, der Gesellschaft dienen und so weiter. Wenn wir versagen, wird umso klarer, dass wir nur dann zählen, wenn wir unseren Beitrag zur Gemeinschaft liefern. Sobald wir uns an diese Tatsache gewöhnt haben, beschwert sie unser Herz nicht mehr allzu sehr. Aber eine aus tiefstem Herzen empfundene Lebensfreude wird zu einem immer seltener erlebten Gefühl.

■ *Innere und äußere Erstarrung*
Unsere Freunde ermahnen uns, mit dem Jammern und Klagen aufzuhören. Auf der körperlichen Ebene schnürt Einengung uns den Hals zu. Unsere Worte widersprechen unseren Erfahrungen. *Wir reden über eine Menge Dinge, aber was wir wirklich fühlen, behalten wir für uns. Wir haben ein starkes Gefühl von Mangel, weshalb wir zu ausuferndem Konsum neigen. Essen und Trinken ersetzen die wahren Freuden und Genüsse, die wir für unsere Karriere und unsere Familie aufgegeben haben.* Das Gefühl der Einengung ist für die meisten Menschen, mit denen ich gearbeitet habe, die unterste Stufe, die sie im Reich der Welt im Kopf erreichen.

■ *Melancholie*
Nur wenige Menschen der zivilisierten Welt gehen noch diese nächste Stufe hinab. Dies sind meist Menschen, die vor einer größeren Entscheidung stehen und schlicht und einfach nicht dazu in der Lage sind, eine der beiden Alternativen endgültig fallen zu lassen. Diese Menschen verlieren die Vision für ihr Leben und tauchen ein in die dunklen Gewässer der Melancholie. Ihre Augenmuskulatur ist geschwächt, weshalb die Augäpfel leicht nach oben kippen und das Weiß unterhalb der Iris sichtbar wird. Der Blick eines Melancholikers auf das Leben ist von Sorgen überschattet. Das Augenlicht lässt nach, je mehr er seinen Fokus auf seine Innenwelt richtet. Geis-

tige Vorstellungen überlagern die wirkliche Welt. Bilder des geistigen Auges ersetzen den wahren Blickkontakt mit der Natur.

■ *Depression*

Gelegentliche Depression ist die letzte Stufe auf der Leiter des Abstiegs für einen gesunden Menschen. Ein flacher Ausdruck liegt wie eine Maske über dem Gesicht eines Depressiven. Er ist von Schwermut durchdrungen. Manche Tage sind besser, andere schlechter. Doch wer sein Leben auf dieser Gefühlsfrequenz lebt, für den ist Hoffnung die einzige Erleichterung in einem ansonsten durch und durch bitteren Leben.

Menschen neigen dazu, gewohnheitsmäßige Stimmungen aufrechtzuerhalten. Sie bewegen sich nur innerhalb einer schmalen Bandbreite immer wiederkehrender Gefühle, die ihre ganz persönliche Ego-Box (das graue Quadrat) ausmachen. Gelegentlich reisen sie im Spektrum des menschlichen Lebens auch weiter nach oben in die höheren, lichten Regionen, manchmal auch tiefer hinab in die Reiche der Dunkelheit von nur geringer Vitalität. Typisch ist in jedem Fall, dass die meisten Menschen das Leben aus einer ihnen vertrauten Perspektive betrachten. Im Laufe der Zeit scharen sie Freunde und Bekannte um sich herum, die sich auf genau derselben Stufe befinden und von daher ihre Auffassungen und Sichtweisen von der Welt teilen und bestätigen.

Der Pfad des geringsten Widerstandes

Vielleicht werden Sie sich jetzt schon die ganze Zeit gefragt haben, wie es möglich ist, dass Milliarden von intelligenten Menschen ihre Lebendigkeit verlieren und ein Leben weit unter ihren Möglichkeiten führen. Die

Antwort darauf ist ganz einfach: weil der Abstieg bequem ist. Zu wachsen dagegen ist äußerst schmerzhaft.
Es ist sehr leicht, sich auf seine Couch zurückzuziehen. Es ist jedoch ungleich viel schwerer, hinauszugehen und Risiken auf sich zu nehmen. *Wir alle fühlen uns vom Pfad des geringsten Widerstandes angezogen. Deshalb geben wir schließlich auch dem Lockruf der Sirenen nach, fügen uns und geben uns damit selbst auf.*
Stellen Sie sich einen Mann vor, der im Fernsehen einen Marathonlauf anschaut. Er schwitzt nicht, die Wahrscheinlichkeit, verletzt zu werden, ist äußerst gering. Er kann den Athleten Ratschläge geben, sie als Idioten beschimpfen, wenn sie nicht genau das tun, was er ihnen rät. Niemand wird ihn in seinem sicheren Himmel angreifen. Er muss es bequem haben, und er muss Recht haben. Unser Freund kann seine Annehmlichkeiten noch steigern – mit Chips und einigen »Bierchen«. Und ein kleines Nickerchen kann ihn noch mehr betäuben, ihn noch mehr abschotten gegen die Härten des Lebens. Während er sich seiner stupiden Entspannung hingibt, genießt er eine erhöhte Taubheit gegenüber dem Schmerz des Lebens.
Ein gewöhnliches Durchschnittsleben ist attraktiv. Je weiter wir auf der Landkarte nach unten absteigen, desto einfacher wird das Leben – selbst dann noch, wenn Körper und Geist längst jegliche Spannung verloren haben. Gutes Essen, guter Wein und ein einfaches Leben sind die Kennzeichen des Erfolgs bei einem gewöhnlichen Lebensstil. Aber je besser wir damit durchkommen, desto schlechter geht es uns. Unser Körper und unser Geist werden schwammig und steril.
Lassen Sie unseren Freund hinaustreten und selbst an dem Marathonlauf teilnehmen. Sofort wird jegliche Bequemlichkeit verschwinden. Er wird Gefahr laufen, sich zu verletzen, und er wird schwitzen. Andere werden jede

seiner Bewegungen kritisieren. Seine Freunde werden seine Absichten durchkreuzen, indem sie ihn schlau darüber informieren, dass er bei seinen Anstrengungen wie ein Narr aussieht, dass er mit dieser Verrücktheit aufhören sollte. Wird er jedoch wider Erwarten immer besser, wachsen die Herausforderungen umso mehr. Er wird jetzt täglich stundenlang trainieren müssen und ist dabei gezwungen, seinen Fernseher und seine falschen Freunde zu vernachlässigen. Und mit jedem Erfolg, den er erringt, nimmt die Opposition der anderen Menschen zu, werden die anderen zunehmend feindseliger. Je höher er aufsteigt, desto stärker wird der Widerstand. Schließlich wird sich eine große Menschenansammlung bilden, die atemlos darauf wartet, dass er erste Anzeichen von Schwäche zeigt. Und sobald dies geschieht, wird sich der Mob über ihn hermachen.

Erfolgreich zu sein ist riskant. Je höher man aufsteigt, desto dünner wird die Luft und desto einsamer und schwieriger wird es. Es ist leichter, beim Denken stehen zu bleiben, als zu handeln. Wer handelt, setzt sich der Gefahr aus, plötzlich nicht mehr Recht zu haben – ganz schlicht und einfach deshalb, weil sich seine Theorien in der Praxis als Unsinn erwiesen haben, weshalb viele es entweder gar nicht versuchen, etwas zu unternehmen, oder vorzeitig aufgeben und den Mut verlieren. Doch Mut kann man lernen. Wer sich ihm verweigert, landet unweigerlich in einem ganz und gar durchschnittlichen Leben ohne besondere Höhen und Tiefen.

Die Einrichtung im Irgendwie

»Man wohnt irgendwo, man macht irgendeine Arbeit, man redet irgendwas daher, man ernährt sich irgendwie, man zieht sich irgendetwas an, man sieht wahllos irgendwelche Bilder, man lebt irgendwie, man ist irgendwer. ›Identität‹... einer Person, eines Dinges, eines Ortes. ›Identität‹... Bei dem Wort allein wird es mir schon warm ums Herz: Es hat einen Geschmack von Ruhe, Zufriedenheit, Gelassenheit... Was ist das, Identität? Zu wissen, wo man hingehört, seine Mitte kennen, seinen Eigenwert? Zu wissen, wer man ist? Woran erkennt man eine Identität? Wir machen uns ein Bild von uns selbst, wir versuchen, diesem Bild ähnlich zu sehen... Ist es das? Der Einklang zwischen dem Bild, das wir uns von uns machen, und... ja, uns selbst? Wer ist das ›wir selbst‹?

Wir leben in den Städten, die Städte leben in uns... die Zeit vergeht. Wir ziehen von einer Stadt in die andere, von einem Land in ein anderes. Wir wechseln die Sprache, wir wechseln Gewohnheiten, wir wechseln Meinungen, wir wechseln die Kleidung. Wir verändern uns. Alles verändert sich, und zwar schnell. (...) So beschreibt Wim Wenders in seinem Film »Aufzeichnungen zu Kleidern und Städten« die Einrichtung im Irgendwie, ein Leben ohne eigene Konturen, ein Leben, das fremdbestimmt ist und bleibt. Den direkten Kontrast dazu bildet für ihn Identität, die dem Leben einen Geschmack von Einzigartigkeit und Einmaligkeit verleiht, es anreichert, kostbar und spannend macht.

Ein Leben im Irgendwie ist eine fatale Einrichtung, die uns in ungesunden Schlummer verfallen lässt. Vielleicht wachen Sie zwischendurch einmal kurz auf, zucken zusammen wie nach einem bösen Traum, nur um dann wieder einzuschlafen und den bösen Traum weiterzuträumen.

Ein Leben, das man sich im Irgendwie eingerichtet hat, gleicht einem Fernsehbild nach Sendeschluss, ist ein monochromes, zweidimensionales, lebloses Einerlei aus winzigen Punkten in Grauschattierungen.

Die Falle an einem solchen Leben besteht darin, auf etwas Unbestimmtes zu warten, das sich irgendwann ereignen wird. Man weiß zwar nicht, worauf man wartet, aber es wird bestimmt eintreffen. Doch auf irgendetwas zu warten, von dem man nicht einmal weiß, was es ist, führt zu nichts. Das unbestimmt Erwartete wird sich nicht von selbst einstellen. Es gibt keinen Retter oder Erlöser, der von außen auf Sie zukommt. Wenn Sie Ihre Träume verwirklichen und ein selbst bestimmtes Leben führen wollen, müssen Sie das Reich des Denkens und Grübelns und damit Ihre Ego-Box verlassen und in das Reich der Aktion eintreten. Dort erst haben Sie es mit der wirklichen Welt zu tun, und dort warten die großartigsten Herausforderungen auf Sie.

TEIL II

IN DER HÖHLE

Eine Sondierung des Terrains

Das Höhlengleichnis

Stellen Sie sich vor, Sie wären zusammen mit anderen Menschen in einer Höhle. Sie alle sitzen mit dem Rücken zum Höhleneingang auf Stühlen, sind an diese gefesselt und blicken auf die Höhlenwand, ohne sich umdrehen zu können. Hinter Ihnen und den anderen Höhlenbewohnern brennt ein Feuer, das Sie allerdings nicht sehen können. Zwischen dem Feuer und den gefesselten Menschen werden Figuren hin und her getragen, die Schatten auf die Höhlenwand werfen. Und *diese Welt der Schatten halten Sie und alle anderen Mitbewohner nun für die Realität – was ganz verständlich ist, da Sie ja nichts anderes sehen und erkennen können.*
Was würde aber geschehen, wenn einer von Ihnen gewaltsam von seinem Stuhl losgebunden würde? Zunächst einmal wäre er verwirrt und würde nicht erkennen, dass das, was er bislang für die wirkliche Welt gehalten hat, nur Schatten und Abbilder der Figuren sind, die vor dem Feuer hin und her getragen werden. Denn jetzt sieht er ja zum ersten Mal das Feuer und die Figuren und damit gleichsam eine Realität hinter derjenigen, die er für die einzige gehalten hatte.
Stellen Sie sich nun weiter vor, was geschehen würde, zwänge man den Losgebundenen dazu, unter Mühsal und großen Anstrengungen den steilen Weg bis hinauf zum Höhleneingang zu gehen und dann hinauszutreten ans Licht, ins Freie vor der Höhle, die sein Gefängnis war. Dieser Mensch würde vom Licht der Sonne derart geblendet sein, dass er unfähig wäre, auch nur irgendetwas zu sehen. Erst nach und nach würden sich seine Augen

an die Helligkeit gewöhnen, weshalb er zuerst, wie gewohnt, die Schatten der Dinge, dann die Spiegelbilder im Wasser und schließlich zuletzt die Dinge selbst erkennen würde. Zum Himmel emporzuschauen würde er zunächst nur nachts wagen, und erst nach einer langen Phase der Gewöhnung wird er bereit sein, die Sonne selbst zu sehen. Doch dann wird er erkennen, dass es die Sonne ist, die die Jahreszeiten schafft und Ursache von allem ist. *Jetzt erst versteht er den Zustand der Menschen im Dunkeln, die gefesselt die Schattenwelt für die Wirklichkeit halten. Deshalb drängt es ihn zurück in die Höhle, die Menschen dort aufzuklären über die wahre Situation. Doch die Höhlenbewohner, die sich in ihrer Scheinwelt aus Schatten und Alltagssorgen eingerichtet haben, wollen sein Wort nicht hören, sie werden sich so sehr gegen ihn empören, dass sie ihm nach dem Leben trachten werden.*

Dieses Höhlengleichnis ist ca. 2400 Jahre alt, stammt von dem griechischen Philosophen Platon (428–348 v. Chr.) und ist seinem Werk »Der Staat« entnommen. In diesem äußerst vielschichtigen Gleichnis beschreibt Platon die *conditio humana,* unsere menschliche Grundverfassung: Es schildert einerseits den steinigen Weg des Menschen zu wahrer Erkenntnis und andererseits die Verpflichtung des wahrhaft Erkennenden, die anderen mit in seine Erkenntnis hineinzunehmen, um ihnen die Chance zu wahrem Sehen zu eröffnen. Doch mit dieser Forderung, die anderen teilhaben zu lassen, stößt der Betroffene auf ein schier unüberwindliches Dilemma: Die Menschen wollen ihn nicht hören, schenken ihm keinen Glauben, wollen so weitermachen wie bisher, wollen das Vertraute, und sei es noch so höhlenhaft dunkel, nicht aufgeben, selbst um den Preis nicht, dass ihnen das Licht der Erkenntnis geschenkt werde. In der Folge wollen die Höhlenbewohner oder auch, allgemein gefasst, die menschliche Herde, jenen Menschen vernichten, der aus der Höhle, der Herde, ausbricht und ihnen die Kunde wahrhaften Seins bringt. Ein Schicksal, das im Laufe der Geschichte viele Weise ereilt hat: Sokrates, den Lehrer des Platon, der dazu verurteilt wurde, den Schierlingsbecher zu trinken, Jesus von Nazareth, der von den Menschen ans Kreuz genagelt wurde, etc. Die Reihe ließe sich beliebig fortsetzen bis in die Moderne mit unbequemen Weisen wie beispielsweise Mahatma Gandhi oder Martin Luther King.

Das menschliche Beharrungsvermögen im Leid und die Verschlossenheit gegenüber Erkenntnis im Sinne eines in der Tat beschwerlichen Suchens ist sehr stark ausgeprägt, Bequemlichkeit die Hauptursache dafür. Höhlenbewohner und Herdentier zu sein und diesen Status hartnäckig zu verteidigen ist noch heute die am weitesten verbreitete Wahl des Menschen, sein Leben zu bestreiten.

Die Landkarte für die Höhle

Betrachten Sie noch einmal die Landkarte im Kapitel »Wie Sie geboren wurden und wohin Ihr Weg Sie führte«. Im unteren Teil sehen Sie ein grau schraffiertes Quadrat. Dieses ist das Reich der Höhlenbewohner und ihrer Befindlichkeiten in der Höhle. Die Gefühlsschattierungen reichen von der Depression am tiefsten Grund bis hin zur Ängstlichkeit, knapp nach dem Eintritt in die Höhle. Viele von Ihnen werden die meisten Stadien dieser Gefühle im Laufe ihres Lebens kennen gelernt haben. Wichtig ist nur, dass Sie sich dabei vor Augen halten, dass dieser Bereich das untere Ende der Skala möglicher menschlicher Befindlichkeiten darstellt. Im Bereich der Höhle und des grau schraffierten Quadrats ist Ihr Sein dunkel eingefärbt und überschattet von den Konzepten, die Sie sich in Ihrem Kopf machen. Ich nenne dieses Quadrat die »Ego-Box«. Sie hat nichts mit der wirklichen Welt zu tun, ist, wie ich schon in den vorangegangenen Kapiteln erläutert habe, rein konzeptionell, rein begrifflich, ist reine Welt im Kopf. Doch auch dieser Bereich gehört notwendig zum Leben des Menschen.

Denken Sie noch einmal an das Baumgleichnis in Teil I des Buches zurück: *Wie ein Baum müssen auch wir Menschen ins Dunkel wie ins Licht, in die Erde wie in den Himmel wachsen. Der im Reich der Höhle erfahrene Schmerz verleiht uns Tiefe, lässt uns emporstreben in immer lichtere Höhen, um dort zu den tiefsten Erfahrungen der Bejahung des Seins zu finden.*

Jeder Einzelne von uns tritt mit seiner Geburt eine Heldenreise an. Und deshalb verdient jeder Mensch Respekt für das Leben, das er führt, und für die Entscheidungen, die er innerhalb seines Lebens trifft. Nicht jeder schafft es, aus dem Reich der Höhle ins Licht zu treten. Er ist aber dafür in keiner Weise zu verurteilen. Jedem Menschen, der sein Leben wie auch immer besteht, gebührt Bewunderung. Jede seiner Erfahrungen, die er im Laufe seines Hierseins macht, ist vollkommen individuell und unverwechselbar. Wesentlich ist nur zu erkennen, dass unser Leben umso reicher wird, je mehr wir die ganze Bandbreite der Landkarte unserer Möglichkeiten ausschöpfen. Lassen Sie uns im zweiten Teil dieses Buches zunächst dazu aufbrechen, die dunklen Reiche unseres Lebens zu ergründen. Ebenjene Reiche, die uns die nötige Tiefe verleihen, um die höchsten Höhen erst wirklich erleben zu können. Wir beginnen mit dem Höhlengrund und arbeiten uns langsam ans Licht empor. Doch seien Sie ohne Sorge: In jedem Stadium Ihrer Höhlenreise werde ich Sie begleiten, Ihnen helfen, aus einer festgefahrenen Situation zum Licht hin aufzubrechen, damit Sie Ihren Traum leben können.

Welt im Kopf – die Stadien des zweidimensionalen Bewusstseins in der Höhle

Auf dem Grund der Höhle: Depression

Depression ist das niedrigste Stadium der Existenz für einen normalen, gesunden Menschen. Thanatos, der Todestrieb und das Gegenprinzip zu Eros, dem Lebenstrieb, hat das Ruder übernommen, ein depressiver Mensch sehnt sich nach nichts mehr als Ruhe und Stillstand, danach, dass alles aufhört.

Auf dieser Stufe angelangt, mögen Sie sich fragen, warum Sie überhaupt noch weitermachen sollen. Sie haben jegliche Neugierde völlig verloren, niemand will um Sie herum sein, ganz zu schweigen davon, dass auch nur irgendeiner in Ihrer Umgebung Ihrem Beispiel folgen möchte. Emotionaler Druck raubt Ihnen die Lebenskraft, macht Sie anfällig für Krankheiten. Denn Depression ist nicht nur ein mentales Geschehen, sie greift vielmehr Geist *und* Körper an. Wenn Sie depressiv sind, spielen Ihre Hormone verrückt. Einige Theorien verbinden Depression mit einer Störung der Zirbeldrüse (Epiphyse). Stimmungen fließen durch uns hindurch, analog zum komplexen Zusammenspiel zwischen allen Drüsen unseres endokrinen Systems. Jede Unausgewogenheit kann einen emotionalen Widerhall erzeugen.

Im Stadium der Depression werden Ihre Grundbedürfnisse nicht befriedigt. Menschen gedeihen durch Zuwendung, Ihnen aber wurde die Aufmerksamkeit entzogen, die Sie benötigen. Infolgedessen ziehen Sie sich zurück, verhalten sich nach dem Motto: »Lass die anderen ruhig mein Leiden sehen, das wird ihre Aufmerksamkeit auf mich lenken.« Depression ist ein Kommunikationsmuster, das auf Leiden beruht.

Des Pudels Kern: einige unbequeme Wahrheiten über das wahre Wesen der Depression

■ *Depression ist Selbstüberhebung*
Selbstüberhebung und Selbstgerechtigkeit verstecken sich bei einem Depressiven hinter der getünchten Blässe seiner emotionalen Seelenqual. Ein Großteil seines Leidens rührt daher, dass er sich selbst zu wichtig nimmt, dass er sich selbst als den Nabel der Welt betrachtet. Und weil die anderen dieses Spiel nicht mitspielen wollen, zeigen Sie der Welt ganz deutlich, wie Sie sich fühlen, um Aufmerksamkeit zu erregen: Ihr Körper verliert jede Spannkraft, und Ihr Gesichtsausdruck macht jedem deutlich, dass Ihnen Unrecht getan wurde. Jeder ist gegen Sie, alles läuft falsch, und der Fehler liegt irgendwo anders, jedenfalls nicht bei Ihnen selbst. Doch niemand hat Sie gegen Ihren Willen auf den Grund der Höhle geschickt.

■ *Depression ist passive Aggression*
Depression ist nach innen gewendeter Ärger. Sie werden ärgerlich und werfen sich das dann auch noch vor. Die Gefühle gären und verfaulen schließlich zu Selbstekel. Dies ist Trotz in total verhärteter Form, die an Verstopfung erinnert. Irgendetwas läuft völlig falsch. Doch es gibt einige Grundtatsachen des Lebens, an denen Sie nicht vorbeikommen: Felsen sind hart, Wasser ist nass, Bäume sind grün. Sie aber wollen, dass es anders ist. *Depression ist in Wahrheit passive Aggression – eine Trotzhaltung gegenüber jenen Menschen, die nicht mit*

Ihren Ansichten übereinstimmen oder die Ihnen nicht die Aufmerksamkeit schenken, die Sie brauchen. Tausend kleine Kränkungen und Zurücksetzungen haben sich bei Ihnen aufaddiert, Sie wurden vernachlässigt. Deshalb schmollen Sie, verstecken aber die Gründe dafür ganz tief in Ihrem Inneren. Und so haben sich die heißen Kohlen Ihres Ärgers zu einem grimmigen Glimmen schwelender Wut abgekühlt.

■ *Depression ist Tyrannei, getarnt als Märtyrertum*
Ein weiteres Charakteristikum von Depression ist Tyrannei. Wenn Sie depressiv sind, haben Sie insgeheim eine diebische Freude daran, andere verlieren zu sehen. Das Leid anderer erfüllt Sie insgeheim mit Befriedigung. Weshalb auch sollte es anderen besser ergehen als Ihnen? Sollen sie doch spüren, dass das Leben kein Ostersonntagsspaziergang ist. Gleichzeitig scheitern Sie mit Absicht daran, Ihre Gegner zu stellen, nehmen es nicht auf mit den Menschen, die Sie verletzt haben. *Sie fühlen sich machtlos, und diese Schwäche schmieden Sie um zu einer scharfen Waffe. Sie unternehmen alles, um die Lebendigkeit anderer Menschen zu untergraben, rauben ihnen jegliche Kraft und Lebensfreude und stellen sich selbst dabei als Märtyrer dar.* Jedem, der auch nur bereit ist, zuzuhören, jammern Sie vor, dass Ihnen irgendjemand Schreckliches angetan hat. Ihr bitterer Blick auf das Leben wird mehr und mehr zu einer sich selbst erfüllenden Prophezeiung. Depression bemäntelt nur dürftig einen schrecklichen Groll, den Sie insgeheim in Ihrem Innersten hegen. Jemand hat Sie verletzt, wieder andere haben sich geweigert, Ihren Spielregeln zu folgen, mit Ihrem Leiden wollen Sie es allen heimzahlen. Deshalb müssen Sie in Ihr Drama so viele Menschen wie möglich mit hineinziehen. Andere Depressive versammeln sich um Sie herum, um Ihren pathetischen Schilde-

rungen, wie Sie verletzt wurden, zu lauschen. Depression enthält einen aufgestauten Zorn, der Feindseligkeit magnetisch anzieht. Je mehr Sie sich verfolgt fühlen, desto mehr Inquisitoren treten auf den Plan, um Sie zu foltern.

- *Die (un-)heimlichen Verlockungen der depressiven Haltung*

Der verführerischste Teil an einem Leben im Stadium der Depression ist der, dass es nach einer Weile zur Normalität wird. Sich unglücklich und elend zu fühlen wird für Sie zu einem selbstverständlichen Teil dessen, wie das Leben eben so ist, wird für Sie zu einem Gesetz des Lebens. Schmerz ist schlimm genug, doch wenn Sie dieses Stadium erreicht haben, verwandelt sich der Schmerz in hartnäckiges Leid. Gleichzeitig beschleicht Sie das schreckliche Gefühl, dass es nicht ausgerechnet Sie treffen sollte, dass nicht ausgerechnet Sie es so schwer haben sollten. Womit haben Sie sich das verdient, was haben Sie falsch gemacht? Selbstüberhebung nährt Selbstmitleid. Jemand, der so wichtig und wertvoll ist wie Sie, sollte es nicht so grauenhaft schwer haben. Pessimismus wird zu Ihrem ständigen Begleiter, schließlich verwechseln Sie ihn mit der Wirklichkeit. Selbstgerechtigkeit trübt Ihren Blick auf andere Menschen ein. Menschen, die nicht Ihre depressive Frequenz teilen, erscheinen Ihnen als Narren oder Schwindler, die noch nicht begriffen haben, worum es im Leben geht. Sie allein wissen alles besser.

- *Die Gefahr der Depression:*
  Ihre Steigerung liegt in der Verschwisterung
  mit dem Krankhaften und dem Bösen

Depression fühlt sich schrecklich an. Aber glauben Sie bitte nicht, dass die Dinge nicht noch viel schlimmer

kommen könnten: Unter dem Grund der Höhle, den Sie mit dem Stadium der Depression erreicht haben, lauern die Lemuren der Hölle, tun sich gähnende Abgründe verschiedener Geisteskrankheiten und chronischer emotionaler Störungen auf. *Wenn wir von dieser Stufe noch weiter hinabsteigen, finden wir Mord, Selbstmord, Krieg und all die schrecklichen Gräueltaten, mit denen Menschen sich gegenseitig zerstören. Mit all diesen Verbrechen zahlen Menschen anderen die Verletzungen heim, die ihnen selbst zugefügt wurden.* Darin liegt die große Gefährdung eines Depressiven, dem es nicht gelingt, aus diesem dunklen Reich wieder aufzusteigen, der stattdessen weiter hinabsteigt und die dunklen Kammern und Verliese unterhalb des Höhlengrundes ergründet.
Im Folgenden weise ich Ihnen Wege aus der Depression. Doch zuvor zeige ich Ihnen noch auf, dass ein weit verbreitetes Lösungsmodell Sie auf einen Holzweg, in eine Sackgasse führt. Es ist das Prinzip Hoffnung.

Kein (Er-)Lösungsweg: das trügerische Prinzip Hoffnung

Wer deprimiert ist, sucht nach Erleichterung. Dabei erscheint Hoffnung wie ein Lichtstrahl in der tiefsten Dunkelheit. Doch auf dem Prinzip Hoffnung liegt ein äußerst zweischneidiger Segen: Denn sobald Hoffnung auf den Plan tritt, warten Menschen darauf, dass eine Lösung ihrer Probleme von außen kommen wird. Insofern mag Hoffnung vielleicht eine kleine Erleichterung bringen, doch oft genug hält sie uns davon ab, die Dinge zu tun, die notwendig wären, um unsere Situation zu verändern. Emotionale Muster funktionieren in Zyklen: Depression führt zu Hoffnung, Hoffnung führt zum Aufschub notwendigen Handelns, und dieser wiederum führt zu Lan-

geweile, die wiederum zu einem weiteren Rundgang innerhalb des Reiches der Depression bedingt. Durch Hoffnung wird Depression festgehalten, alles bleibt, wie es ist, was schließlich den Willen lahmlegt und paralysiert.
Religiöse und politische Führer bieten den Armen, den gestrauchelten und gescheiterten Menschen Hoffnung an. Doch halb gare Lösungsangebote halten Menschen davon ab, sich selbst zu helfen, sodass sie weiterhin in ihrer festgefahrenen Situation verharren und darauf warten, ein neues Gesetz oder Gott werde sie befreien. Hoffnung wird grundsätzlich als Lösung oder als Neubeginn verkauft. Doch nur in äußerst seltenen Fällen führt Hoffnung zu einer dauerhaften Verbesserung.
Ein alter Mythos erzählt vom Kampf zwischen Gut und Böse. Das erste Übel schlug die Menschheit mit jeden nur vorstellbaren Seuchen und Plagen, in dem vergeblichen Versuch, den Lebenswillen des Menschen zu brechen. Doch sobald jedes Schrecknis sein Ziel verloren hatte, versuchten die Mächte des Bösen, den Geist des Menschen zu zerstören.
Schließlich kam ein diabolisches Schema ins Spiel: Es erschien den Menschen in der Gestalt eines Apostels der Hoffnung. *Wenn Menschen das Prinzip Hoffnung umarmen, hören sie auf, zu kämpfen. Denn Hoffnung stellt sie ruhig und sie entwickeln eine Erwartung auf einen Erlöser, der von außen kommen wird, um alles zu rechten und zu richten. Die bloße Aussicht auf Hoffnung schafft es, den Willen eines Menschen zu brechen.* Daraufhin versinkt er in der Schattenwelt, unwillens, etwas zu unternehmen, was seine Umstände verbessern würde. Im Mythos der Pandora lässt diese nicht umsonst die Hoffnung als die letzte schreckliche Plage aus ihrer Büchse über die Menschheit hereinbrechen. Jede Stufe des menschlichen Befindens konfrontiert uns mit einem

Dilemma, für das es eine scheinbar offensichtliche Lösung gibt, die jedoch jedesmal falsch ist. Denn erst wenn Sie erkennen, dass Hoffnung zu nichts führt, werden Sie neugierig. Und dieser Funke von Lebendigkeit ist der erste Schritt zu Ihrem Erwachen aus einem tiefen, tiefen Schlaf.

Wege aus der Depression

Wenn Sie sich mitten in einer Depression befinden, denken Sie wahrscheinlich, dass diese nie enden wird. Doch sie wird enden. Manchmal kommen Sie schnell hindurch, ein anderes Mal kann eine Depression Wochen oder Monate lang anhalten, während etwas in Ihnen gleichzeitig mehr oder weniger bewusst versucht, die Komplexitäten des Geschehens zu ordnen. In jedem Fall gilt: *Sie können aus einer Depression wieder herausfinden. Doch ich will Ihnen nichts vormachen: Es wird nicht leicht sein, weil starke Emotionen äußerst zäh sind und hartnäckig wie Kletten an einem kleben.* Eine Depression kann zur Gewohnheit werden, schließlich hat sie Ihnen ja auch etwas zu bieten, indem sie Ihr falsches Ego nährt und weil Sie andere Menschen mit Ihrer depressiven Stimmung beherrschen können wie ein absolutistischer König seine Untertanen.
Wenn Sie dagegen versuchen, einer schlechten Gestimmtheit zu widerstehen, wird sich diese nur umso mehr verfestigen und noch länger andauern. Kognitive Therapien und Techniken der Reprogrammierung mögen zwar kurzzeitig Erleichterung verschaffen, stoßen aber oft nicht bis zur Wurzel des Problems vor. Wenn Sie sich einer Stimmung ganz direkt stellen, verwandelt sie sich in entgegengesetzte Extreme: Depression schafft mitunter machtvolle Stimmungswechsel, von den tiefsten Tie-

fen bis hin zu den höchsten Höhen. Manisches Verhalten ist ein Zustand hoher Energie und des sprudelnden Optimismus, der manchmal aus einer Depression entspringt. Wie ein Tiefseetaucher, dem der Sauerstoff ausgeht, werden manische Menschen von Schwindelgefühlen und Euphorie befallen, und dies selbst dann noch, wenn ihre Fähigkeiten zur Selbsthilfe sich immer mehr verschlechtern.

Es kann verstörend sein, aus einer Depression zu erwachen: Manchmal durchzuckt Sie dabei ein Zornesblitz, der signalisiert, dass der Damm gerade dabei ist, zu brechen. Wenn dies geschieht, lassen Sie sich bitte voll und ganz auf Ihre Gefühle ein. Diesem Stadium folgt in der Regel ein Strom tiefer Traurigkeit und dann der Erleichterung.

- *Der verlässlichste Weg aus einer Depression: nachgeben*

Die Leugnung einer Depression kann das Leiden verlängern. Was wir zu vermeiden versuchen, macht häufig alles nur noch schlimmer. Etwas vorzutäuschen oder vorzugeben ist jedoch ein wesentlicher Teil der Depression.

Doch wenn Sie Ihre wahren Gefühle bedeckt halten, verlangsamen Sie den Prozess, Ihre Irrtümer zu verdauen, die Sie in die Depression geführt haben. Manche Menschen greifen dann zur Flasche, andere essen zu viel, einige flüchten vor sich selbst oder verlieren sich in irgendwelchen stupiden Fernsehprogrammen, und wieder andere verstecken sich in ihren Wohnungen und vermeiden menschliche Kontakte. Manchmal bringen diese Maßnahmen der Zerstreuung und Ablenkung kurzfristig Erleichterung, doch letztlich führen solche Strategien nur zu noch größerer Depression und münden in einen Teufelskreis.

Je mehr Sie versuchen, gegen die Depression anzukämpfen, desto machtvoller wird sie gegen Sie auftrumpfen und Sie in ihren Fängen halten. Der einzige Mensch, der ein Problem lösen kann, ist genau jener, der es erschaffen hat: Schöpfer und Erlöser sind eins. Indem Sie sich auf die Brillanz des Problems einlassen, das Sie sich selbst geschaffen haben, treffen Sie so automatisch auf den Schöpfer. Schließlich werden Sie den Reichtum und die Komplexität Ihres Dilemmas zu schätzen lernen wie den komplizierten Plot eines genialen Romans. Indem Sie Ihrem Dilemma Aufmerksamkeit schenken, erweitern Sie Ihre Wahrnehmung. So beginnen Sie zu sehen, welche Spiele Sie kreieren, die Ihnen Tage Ihres Lebens rauben.
Um aus einer Depression wieder herauszufinden, müssen Sie diese ganz schlicht und einfach durchschreiten. Geben Sie nach, kapitulieren Sie, strecken Sie die Waffen. Erforschen Sie ganz bewusst die schrecklichen Emotionen, die Sie dabei empfinden. Indem Sie sich auf Ihre schmerzhaften Gefühle konzentrieren, können Sie Ihre Taubheit überwinden, und indem Sie die kleinsten Schattierungen Ihrer Gefühle wahrnehmen, wird Ihr Schmerz zu Asche verbrannt. Ihr Körper dankt es Ihnen mit der Ausschüttung von Endorphinen. Denn so lange Ihr Geist Ihre Gefühle leugnete, war Ihnen die Weisheit Ihres Körpers unzugänglich. Wenn Sie sich jetzt voll und ganz Ihrer Gefühlswelt ergeben, sich mit jeder Faser auf sie einlassen, haben Sie wieder Zugriff auf Jahrmillionen ererbter Strategien, die Ihren Körper und Geist automatisch wieder ins Gleichgewicht bringen.
Wenn Sie depressiv sind, scheint es am leichtesten zu sein, einfach stillzusitzen und ganz im Schmerz aufzugehen. Doch hüten Sie sich vor unbewussten Tätigkeiten, die Ihre Stunden und Tage auffressen. Denn schließlich werden Sie sich Ihrem Schmerz stellen müssen. Manch-

mal müssen Sie einfach trauern. Trauer kann bisweilen unbewusst festgehalten werden, etwa nach einem tragischen Verlust. *Je eher Sie sich auf den Schmerz einlassen, desto eher werden Sie Erleichterung finden.* Machen Sie sich dabei keine Sorgen über Ihr Aussehen: *Schmerz ist nicht Schwäche, Schmerz ist vielmehr Teil Ihres Arsenals der Stärke. Wenn Sie genug gelitten haben, sollten Sie etwas tun, das Ihnen aus diesem dunklen Reich heraushilft.*

■ *Werden Sie aktiv*
Sobald Sie Erleichterung verspüren, sollten Sie sich mit etwas anderem beschäftigen. Erledigen Sie Hausarbeit, schrubben Sie den Boden oder vervollständigen Sie Ihre Steuerunterlagen. Auch Ihr Zimmer aufzuräumen kann Wunder wirken. Verrichten Sie all diese Tätigkeiten, als ginge es dabei um etwas ganz Wesentliches.
Sanfte körperliche Bewegung regt Ihre Vitalität an. Setzen Sie Kopfhörer auf, legen Sie Ihre Lieblingsmusik auf und tanzen Sie zu Ihren Sorgen. Lassen Sie dabei ruhig die Tränen laufen, aber hüten Sie sich davor, im Schmerz zu versinken. Manchmal müssen Sie einfach trauern. Selbstmitleid hilft da nicht weiter, aber wahrhaft empfundene, echt vergossene Tränen sind Ausdruck eines zutiefst wahrhaftigen Gefühls, das ein Ventil sucht.
Gehen Sie spazieren oder wieder einmal ins Kino oder Theater und sehen Sie sich eine Tragödie an. Indem Sie sich ganz und gar in ein fiktionales Drama stürzen, können Sie dabei eine Menge Ihres eigenen, ganz realen Schmerzes erlösen.
Jede Form produktiver Unternehmungen verleiht dem Leben Sinn. Ohne Herausforderungen welken Menschen dahin, um schließlich zu sterben. Wer sich dagegen einen Lebenssinn schafft, hält seine Lebenskraft im Fluss.

■ *Misstrauen Sie Ihren Gedanken,
wenn Sie depressiv sind*
Schenken Sie Ihren Gedanken während einer depressiven Verfassung keinerlei Glauben, denn Ihr Ego wird stundenlang umherschweifen, um einen Fall zu konstruieren, der Ihre trübe Weltsicht unterstützt. Er wird dem imaginären Richter und Gericht in Ihnen Argumente präsentieren, indem er sie mit isolierten Informationen füttert, die nur Ihre Selbstgerechtigkeit untermauern. Was Sie im Zustand einer Depression denken, ist verfälscht, weil es einzig und allein dazu dient, Sie und Ihre Sichtweise ins Recht zu setzen, andere und deren Denkweise hingegen herabzusetzen. Somit hat Ihr Denken keinerlei Bezug zur Wirklichkeit. Deshalb sollten Sie sich auch hüten, Ihre Gedanken anderen mitzuteilen. Behalten Sie Ihr Kopfkino in diesem Zustand lieber für sich selbst, sonst laufen Sie Gefahr, andere durch Ihre Selbstgerechtigkeit und Rechthaberei ernsthaft zu verletzen.

■ *Lassen Sie Ihre Stimmungen für sich arbeiten*
Depression ist die Dunkelheit vor der Morgendämmerung. Sie löst das Sprudeln ungeahnter Quellen von Kreativität aus. Führen Sie deshalb ein Tagebuch, in dem Sie Ihre Stimmungen akribisch aufzeichnen, und bleiben Sie körperlich aktiv. *Denken Sie immer daran, dass Sie gerade den Prozess eines emotionalen Todes und einer Wiedergeburt durchlaufen. Ihre Fähigkeit zu wahrem Dienst an anderen Menschen wird in der Schmiede einer Depression gehärtet. Die wahre Bedeutung Ihres Lebens liegt versteckt im dunklen Morast Ihrer Seele.* Nutzen Sie diese Zeit, um für Ihre Wahrnehmung zu kämpfen. Geben Sie nach, aber geben Sie bitte niemals auf.

■ *Ihre Rettung: Kontakt mit anderen Menschen*
Wenn Sie erkennen, wie sehr Sie andere Menschen brau-

chen, werden Sie erlöst. Die Wärme Ihrer Mitmenschen schafft es, die Eiseskälte Ihres gegenwärtigen Zustands zu durchdringen. Es wird immer jemanden geben, dem es noch viel schlechter geht als Ihnen, der noch viel weiter in die dunklen Reiche hinabgestiegen ist als Sie. Nehmen Sie Kontakte zu anderen Menschen auf, kultivieren Sie Ihre Interessen und lenken Sie sich von sich selbst ab. Die Wärme, die Sie spüren, liegt in der Freundlichkeit, die Sie selbst anderen geben. Bilden Sie ein soziales Netz, das auf dem Austausch tiefer zwischenmenschlicher Gefühle beruht.

Doch hüten Sie sich während einer Depression vor Menschen, die mit Ihren Gefühlen sympathisieren, die mit Ihnen mitleiden, weil diese Menschen Sie nur noch weiter herunterziehen werden. Umgeben Sie sich stattdessen mit Menschen, mit denen Sie reden können, ohne dass diese in Ihr Gejammere mit einstimmen. Was Sie brauchen, ist Mitgefühl, nicht Mitleid. Suchen Sie daher die Gemeinschaft von Menschen, die zwar mit Ihnen fühlen, die aber Ihre Probleme nicht allzu ernst nehmen. Ein Freund mit gutem Humor oder einer, der sich wie ein wohlmeinender, aber neutraler Zeuge oder Zuschauer verhält, kann Sie dazu bringen, dass Sie endlich wieder über sich selbst zu lachen lernen.

■ *Das Kommunikationsmuster einer Depression*
Das ganze menschliche Leben organisiert sich innerhalb von Systemen. Deshalb gehört Ihre Depression nicht nur Ihnen allein, sie ist vielmehr ein Produkt Ihres Kommunikationsnetzes und wirkt sich auch auf andere aus. Ihr emotionaler Virus verbreitet sich innerhalb Ihrer Familie, innerhalb Ihres beruflichen Umfeldes und innerhalb all Ihrer sozialen Beziehungen. Sobald Sie dies erkennen, können Sie ein neues Kommunikationsmuster schaffen, das mehr und bessere Früchte trägt.

Eine kurzzeitige Depression ist nichts Schlechtes – sie ist der Weg, den Ihr Körper sucht, um Ihre Aufmerksamkeit auf die tiefere Bedeutung des Lebens zu lenken. Nachdem Sie lange genug geschmollt haben, werden Sie erkennen, dass Sie sich damit selbst verletzen. Wenn Sie depressiv sind, geht von Ihnen eine Botschaft der Bestrafung aus, und genau diese Botschaft ist es, die Sie von allen anderen Menschen isoliert. Sobald Sie das erkannt haben, kann Ihre Heilung beginnen.

Bedenken Sie bitte stets, dass in einer Depression eine unvergleichliche Chance liegt: die Chance, aufzuwachen, wachgerüttelt zu werden. Sie wachen auf, um zu erkennen, wie sehr Sie andere Menschen brauchen. Ihre ganze Reise durch Ihre dunkelsten Gefühle zwingt Sie dazu, Ihre Wurzeln noch tiefer in das dunkle Erdreich des Lebens auszustrecken. Ihr Körper mag sich dabei anfühlen, als ob er sterben wollte, aber Ihre Seele wird sich an dem düsteren und dabei doch reichen emotionalen Unrat, den Sie sich selbst erschaffen, reichlich nähren.

Vögel durchlaufen eine Phase der Mauser, Schlangen häuten sich, und Menschen sterben emotionale Tode, um wieder geboren zu werden.

Depressive Menschen kommunizieren ihren Zustand nach außen durch Apathie – durch langsame Bewegungen und einen Gesichtsausdruck, bei dem alles nach unten hängt, angefangen mit den Mundwinkeln bis hin zu stark ausgeprägten Nasolabialfalten. Obendrein wirkt der Augenausdruck ständig getrübt. Damit signalisieren Depressive glücklichen Menschen, dass diese sie meiden sollten, und laden gleichzeitig unglückliche Menschen dazu ein, mit ihnen ihr Spiel zu teilen. Achten Sie daher auf Ihre Körperhaltung. Bewegen Sie sich anders. Das wird Sie dazu zwingen, anders zu denken. Und verändern Sie Ihr Spiel. Verändern Sie die Geschichten, die Sie anderen Menschen erzählen. Das Leben besteht aus einer

ganzen Reihe von Spielen und Geschichten, die anderen Menschen zeigen, welcher Gesellschaftsschicht wir zugehören. Manche dieser Spiele sind destruktiv. Andere wiederum führen uns zu produktiven Unternehmungen. Das Beste, was in uns schlummert, können wir durch gemeinsame Tätigkeiten mit anderen Menschen aus uns herausholen.
Noch während Sie sich in der gärenden Gülle Ihrer Welt im Kopf befinden, gibt es eine Saat, die Sie für eine bessere Zukunft aussäen können. Diese Strategien werden Ihnen allerdings keine sofortige Erleichterung bringen – nur das Vergehen von Zeit und Ihre Wandlung werden diese herbeiführen.
Sollte Ihnen jemand Unrecht getan haben, versuchen Sie, darüber hinwegzukommen. Für glückliche, produktive Menschen gibt es nichts Schlimmeres als einen Märtyrer. Wenn Sie daher das Gefühl haben, verletzt zu sein und dass alles falsch läuft, behalten Sie es besser für sich, es interessiert ohnehin niemanden. Halten Sie stattdessen dieses unbequeme Gefühl ganz allein aus, und studieren Sie Ihre Empfindungen.
Verändern Sie Ihre Umgebung. Wechseln Sie den Job, schaffen Sie sich einen kreativen Stundenplan, finden Sie einen neuen Ort, an dem Sie immer schon leben wollten. Unternehmen Sie irgendetwas, auch wenn es sich hinterher als falsch herausstellen sollte. Suchen Sie nach Menschen, die Sie herausfordern. Sie können es mit dieser Herausforderung aufnehmen oder es sein lassen – das bleibt ganz und gar Ihnen selbst überlassen. Niemand kann Ihnen im Zustand der Depression wirklich helfen. Sie müssen da durch – mit möglichst weit geöffneten Augen. Und trösten Sie sich mit dem Gedanken, dass es von hier aus nur aufwärts gehen kann.
Lernen Sie zu unterscheiden zwischen Selbstüberhebung und Selbstverwirklichung. Im Gesamtzusammenhang des

Lebens betrachtet, spielen Sie keine wirklich bedeutende Rolle. Doch Ihr Leben kann zu einer großen Bedeutung in Ihrem Dienst an Ihren Nächsten heranreifen. Seien Sie von daher rücksichtslos gegenüber sich selbst, um dahin zu kommen, wohin Sie wirklich gehen wollen. Verbinden Sie sich mit Menschen, die dasselbe anstreben wie Sie. Gefühle sind ansteckend. Da wir Produkte unserer Umgebung sind, ist es oft leichter, unsere Stimmung zu verändern, indem wir unseren Freundeskreis wechseln.

Das schwarze Gift: Melancholie

In der Antike, im Mittelalter und in der Renaissance verstand man den Menschen als mikrokosmische Abbildung des Makrokosmos. Wie alle irdischen Erscheinungsformen bestand auch der menschliche Körper aus den vier Elementen Feuer, Wasser, Luft und Erde. Diesen vier Elementen entsprachen vier Säfte im Körper des Menschen: dem Feuer die gelbe Galle, dem Wasser der Schleim, der Luft das Blut und der Erde die schwarze Galle. Die Verteilung dieser Säfte bestimmte über körperliche und seelische Gesundheit. Dominierte jeweils einer dieser vier Säfte, ergaben sich daraus die vier Grundtypen menschlicher Charaktere: Choleriker (Feuer / gelbe Galle), Phlegmatiker (Wasser / Schleim), Sanguiniker (Luft / Blut) und Melancholiker (Erde / schwarze Galle). *Die Gemütsart des Melancholikers wurde als traurig, umdüstert und verschlossen charakterisiert, sein Geist konnte sich in größter Verwirrung befinden und zum Wahnsinn steigern, andererseits konnte er besonders scharfsinnig sein, Züge von Genialität zeigen, Geister und Dämonen wahrnehmen und mit ihnen verkehren.*
Auf der Landkarte im Kapitel »Wie Sie geboren wurden und wohin Ihr Weg Sie führte« finden Sie die emotionale

Frequenz der Melancholie eine Stufe oberhalb der Depression. Sie sind melancholisch, wenn Ihre düsteren Stimmungen Ihre Sichtweise des Lebens bestimmen – Melancholie ist das Gegenteil von Inspiration. Wenn Sie das Stadium der Melancholie erreicht haben, tauchen Sie zwar schon aus der totalen Düsternis der Depression wieder auf und die Dinge sehen besser aus, doch Sie können noch keinen großen Unterschied erkennen, weil Ihr Blick noch immer ziemlich grau eingefärbt ist. Typisch für den Zustand der Melancholie ist Abgestumpftheit, doch im Unterschied zu einer Depression haben Sie sich jetzt bereits ein Fünkchen Ihrer Vitalität zurückerobert, und sei es auch noch so schwach.

■ *Woran man einen Melancholiker rein äußerlich erkennt*

Durch ständiges Grübeln, bei dem Sie allerdings zu keinem Ergebnis finden, bildet sich eine senkrechte Furche oberhalb der Nasenwurzel zwischen den Augenbrauen, wodurch ein Melancholiker ständig betroffen, konzentriert und in schwere Gedanken versunken wirkt. Die Augenmuskulatur ist geschwächt, weshalb die Augäpfel leicht nach oben kippen und das Weiß unterhalb der Iris sichtbar wird.

Unsere geistige Welt der Wahrnehmung ist auf der körperlichen Ebene mit der Hypophyse, der Hirnanhangsdrüse, verknüpft. Viele Forscher nehmen an, dass es eine Verbindung zwischen unseren Hormonen und unseren emotionalen Verfassungen gibt. Doch hier stoßen wir auf das Henne-Ei-Problem: Unklar bleibt, ob die Drüsen unsere Stimmungen beeinflussen oder umgekehrt unsere Stimmungen die Drüsen, doch fest steht, dass es eine klare Verbindung zwischen unserer Wahrnehmung und unserem Körper gibt. Eine Mutter beispielsweise braucht ihr Baby nur zu hören oder zu sehen, um darauf mit der Bereitschaft, es zu stillen, zu reagieren.

■ *In den Fängen des Pessimismus und des Intellekts*
Melancholie lässt dichte Wolken über unsere sinnliche Wahrnehmung ziehen, Pessimismus verstellt den Blick, die Antennen unserer natürlichen Intuition sind gestört. Im Zustand der Melancholie verlassen Sie sich ganz und gar auf Ihren Intellekt, Ihre ganze Aufmerksamkeit steckt in der Falle Ihres Kopfes, gelegentliche Spuren logischen Denkens sorgen jetzt für die einzige Klarheit, und der Stoff, den Sie auf der Schule oder an der Universität gelernt haben, scheint Ihnen die einzige verlässliche Verbindung zur äußeren Welt zu sein. Sie sind besessen davon, alles rationalisieren zu wollen, *Ihr Verstand produziert einen beständigen Strom von Bildern und Erinnerungen, der Ihnen wieder und wieder beweisen soll, dass andere im Unrecht, Sie aber im Recht sind.* Die meisten Ihrer Gedanken kreisen dabei um die Rechtfertigung Ihres Standpunktes und Ihrer Sichtweise. Gleichzeitig wollen Sie Ihre Fehler verbergen. Andere Menschen kommen Ihnen entweder schlicht dumm vor oder zumindest als falsch informiert. Die Partei, die Sie vertreten, ist die einzig richtige, Ihre Religion und Ihre Glaubenssätze sind die einzig gültigen. Wenn Sie ein Mann sind, liegt das Problem bei den Frauen und umgekehrt. Jeder, der das Leben anders als Sie sieht, ist Ihnen suspekt, Neugier erscheint Ihnen als gefährlich, ja sogar als subversiv. Andere sollen Ihrer Doktrin oder Ihrem Anliegen folgen, die Gegenseite der Andersdenkenden muss ausgelöscht werden. Sie allein sind immer im Besitz des Guten, und Ihr Ziel rechtfertigt die Mittel. Die anderen dagegen repräsentieren stets das Böse, und selbst wenn sie sich als wahre Wohltäter erweisen sollten, halten Sie sie immer noch für gemeine Betrüger.

■ *Melancholie ist Vorurteil und der Verlust Ihrer Vision*

Sie identifizieren Ihre Meinung mit der Wirklichkeit, doch da dies nicht funktionieren kann, wird Ihre Selbstüberhebung geschmälert. Sie fühlen sich erniedrigt, und dieses Gefühl von Erniedrigung ist wiederum sehr schmerzhaft. Im Stadium der Depression waren Sie betäubt und taub gegenüber jedweder Empfindung, doch die ersten Schläge, die Sie jetzt beim Erwachen einzustecken haben, sind nicht gerade sehr erfreulich. Alles, was Sie jetzt erleben, erscheint Ihnen wie eine ganz persönlich auf Sie gemünzte Beleidigung, Ihre Gefühle sind verletzt und Sie wollen unbedingt, dass andere Ihren Standpunkt sehen. Wie ein Politiker oder aber auch wie ein kleines Kind wollen Sie, dass Ihre Gegner erkennen, wie schrecklich sie sich irren und wie sehr sie im Vergleich zu Ihnen im Unrecht sind.

Melancholie breitet sich wie ein Schatten über die Inspiration, die Sie einst als Kind besaßen. Im Stadium der Melancholie können Sie zwar nicht gewinnen, aber immerhin dafür sorgen, dass andere schlecht aussehen und schlecht wegkommen. *Sie spielen die Rolle des bedauernswerten Verlierers, dessen Leben durchweg von anderen bestimmt wird. In weniger umnebelten Augenblicken allerdings erkennen Sie, dass Ihr Dilemma durchaus etwas mit Ihnen selbst zu tun haben könnte.*

Auf dieser emotionalen Stufe haben Sie Ihre Vision verloren, können sich an keinerlei Ziel oder Zweck Ihres Lebens erinnern, weshalb auch niemand von Ihnen erwarten darf, dass Sie sich optimistisch zeigen könnten. Und Sie haben haufenweise Beweise angesammelt, mit denen Sie Ihre abschätzende Haltung gegenüber anderen Menschen rechtfertigen können.

■ Ein Leben auf der Frequenz des Sorgenkanals

Ein Melancholiker macht sich über alles Sorgen, er ist besessen von der Beobachtung seiner Gesundheit, sorgt sich um seine Kinder, um seine Arbeit, liegt nachts deswegen stundenlang wach, fragt sich: Habe ich das Richtige getan? Was soll ich als Nächstes tun? Und diese Sorgen üben Druck aus – auf Sie selbst und auf Ihre Nächsten, um die Sie sich Sorgen machen. Dies kann gefährlich werden, weil Sorgen manchmal zu sich selbst erfüllenden Prophezeiungen werden. Beispielsweise kann Ihre ständige Sorge, dass Ihr Geliebter Sie verlassen könnte, schließlich dazu führen, dass Sie ihn damit in die Flucht schlagen.

In der Sorge um andere Menschen steckt zugleich auch eine subtile Form des Angriffs: Es ist eine Art des Schmollens, des Beleidigtseins, das jeden in Ihrer Umgebung sich unwohl fühlen lässt. Damit verärgern Sie Ihre Mitmenschen, gleichzeitig fühlen sie sich durch solche Inbeschlagnahme äußerst unfrei. Es ist sehr schwer, das Leben zu genießen, wenn einem jemand im engsten Umfeld solche Bleischuhe anzieht.

Haben Sie schon einmal beobachtet, dass die Sonne weiterhin unverändert scheint, während Sie sich verrückt vor Sorgen machen? Die Natur übergeht Ihre persönlichen Turbulenzen einfach, während Ihr persönliches Elend Ihnen selbst die ganze Aufmerksamkeit raubt.

■ Der Melancholiker: ein vergesslicher Wiederholungstäter mit getrübter Wahrnehmung

Ein Melancholiker neigt dazu, immer wieder dieselben Tätigkeiten auszuführen, ist dabei aber so zerstreut, dass er kaum bemerkt, was er tut. Seine eingeschränkte Wahrnehmung rührt daher, dass er in Gedanken ständig mit irgendetwas anderem beschäftigt, nicht wirklich im Hier und Jetzt anwesend ist. Ein Beispiel: Sie parken

Ihren Wagen, laden Ihre Einkäufe aus und werfen die Autotür zu. Plötzlich glauben Sie, dass der Schlüssel noch innen steckt, doch in Wirklichkeit halten Sie ihn in der Hand. Ihre Unsicherheit hat ihre Ursache in Ihrer Stimmung. Bevor Sie die Spur Ihres Schlüssels verloren, dachten Sie über etwas völlig anderes nach und waren abgelenkt. Da Sie ständig damit beschäftigt sind, wie es Ihnen geht, sind Sie immer leicht abwesend statt ganz bei der Sache. Gleichzeitig nötigt Sie ein zwanghafter Perfektionismus, immer wieder dasselbe zu tun. Dabei fragen Sie sich besorgt, ob Sie auch wirklich alles richtig gemacht haben, der innere Druck dabei ist enorm stark, und dies spiegelt sich in Ihren Zügen. *Ihre Wahrnehmung gleicht der eines Menschen, der in eine Stadt fliegt, die er noch nicht kennt, sich dann am Flughafen einen Leihwagen nimmt und in die unbekannte City hineinfährt.* Der Verkehr nimmt ihn anfangs so in Anspruch, dass sich sein Blickwinkel verengt – bis er sich zurechtgefunden hat und entspannt zu seiner normalen, offenen Wahrnehmung zurückkehren kann. *Melancholiker aber bleiben in diesem hoch angespannten Zustand der voll konzentrierten Aufmerksamkeit stecken – für Stunden, ja, für ganze Tage.*

Die Morgendämmerung des Melancholikers: Optimismus ist erlernbar

Ein Melancholiker kann bereits das Licht in der Ferne sehen, doch er hat die Höhle noch nicht verlassen, und obwohl er bereits einen großen Schritt von der Depression entfernt ist, fehlt ihm noch der Sinn für die Richtung, in die es gehen soll. Das heißt: Noch können Sie Ihren Weg, den Sie gehen sollten, nicht erkennen, doch zumindest ist da eine kleine Erleichterung spürbar, eine

Ahnung, dass es im Leben Ordnung, Bedeutung und Sinn gibt, auch wenn Sie all dies noch nicht finden können.

- *Suchen Sie Widerstand und eine Zielscheibe für Ihre Wut*

In diesem Stadium sind Sie ein selbstgerechter Kreuzfahrer auf der Bühne des Lebens, Ihre Sicht der Dinge des Lebens weckt die Opposition anderer unglücklicher Seelen. An diesem Punkt Ihrer Entwicklung brauchen Sie Widerstand, etwas, wogegen Sie kämpfen können – das stärkt Ihre Lebenskraft, die durch Furcht und Ärger eingeengt war. Gleichgültig, wie gut Sie es zu verbergen versuchen: Sie sind voller Wut, und da diese kein Ziel hat, richten Sie sie gegen sich selbst. Doch diese Art emotionaler Verstopfung ist nicht so schwerwiegend wie bei einer Depression. Während Sie im Zustand einer Depression paralysiert sind, beginnt mit dem Stadium der Melancholie bereits die innere Bewegung. Und auf dieses Rumoren können Sie nicht mehr länger einen Deckel halten, denn schon steigt mit Macht der erste Zorn auf und die Maske der Depression zerbirst endgültig.

Damit Ihre innere Bewegung nicht selbstzerstörerisch wird, sollten Sie sich ein Ziel suchen, auf das Sie Ihren Zorn richten – konstruktiver Widerstand bringt Sie schneller durch diesen dunklen Tunnel. Da Sie Ihre ganz persönliche Mission noch nicht kennen, borgen Sie sich einfach ein vorübergehendes Ziel, indem Sie zum Beispiel Mitglied bei Greenpeace werden. *Konzentrieren Sie Ihren verborgenen Ärger auf ein wirkliches Unrecht in der äußeren Welt,* aber gehen Sie dabei sicher, dass Sie Ihre Wut auf ein System oder ein Problem richten und nicht auf eine Person, denn sonst säen Sie nur Hass und Feindseligkeit, was Ihr weiteres Wachstum verhindert. Menschen, die ihren Zorn auf einen Exgeliebten oder auf frühere Freunde richten, verankern sich damit nur selbst in der Vergangenheit.

■ *Geben Sie Ihre Opferrolle auf!*
Depression bringt Märtyrer hervor, Melancholie Opfer. Märtyrer und Opfer schaffen wenig Wertvolles, sind vielmehr eine Belastung für die Gesellschaft, indem Sie beispielsweise Prozesse anzetteln und alles unternehmen, um Versicherungen, Regierung und Arbeitgeber zu betrügen. Opfertypen beschäftigen die Gerichte und zerstören die produktiven Anstrengungen von Millionen von Menschen.
In Ihrem gegenwärtigen Stadium leben Sie im Konflikt mit sich selbst und mit anderen, Ihr Selbstwertgefühl ist niedrig, deshalb müssen Sie sich ständig beweisen, dass auch sonst niemand etwas wert ist, und dafür sorgen, dass andere verlieren. Gewinnen darf keiner, nicht einmal Sie selbst. Sie haben keine Lösungen für Probleme, können nur die Probleme selbst und alle Versuche, mit ihnen umzugehen, kritisieren.
Wenn Sie die Opferrolle gespielt haben, so hören Sie jetzt auf damit. Sollten Sie damit weitermachen, setzen Sie sich nur noch mehr Verfolgung aus; denn wenn das Opfer bereit ist, kommt auch der Täter. Und nehmen Sie sich in Acht vor den raffinierten Fallen, die Ihnen professionelle Opfer stellen. Nachdem Sie das Stadium der Depression überwunden haben, sind Sie jetzt bereits in der Lage, produktive Verbindungen zu knüpfen. Verpassen Sie diese Gelegenheit nicht, indem Sie andere um Zustimmung zu Ihrer Opferrolle bitten, sonst enden Sie irgendwann unweigerlich in Armut. *Denken Sie immer daran: Es gibt wirkliche Opfer, und wenn Sie, basierend auf einer Stimmung, aus der Opferrolle einen Lebensstil machen, beleidigen Sie damit die wahren Opfer wirklicher Katastrophen.*

Die drei Wahlmöglichkeiten im Leben

Ob wir uns einer Situation oder der Stimmung anderer als hilfloses Opfer ausgeliefert fühlen, an die Macht des Schicksals glauben oder uns als Regisseur unseres Lebens verstehen, beeinflusst unser Verhalten ganz entscheidend. Betrachten wir die drei alternativen Sichtweisen einmal näher:

- »Die anderen haben es getan.« Die Autorität wird den Umständen und anderen Menschen zugeschrieben. Sie stehen unter dem Einfluss anderer Menschen.
- »Es ist passiert.« Dies ist eine unschuldigere Form der Einschätzung der Ereignisse. Niemand trägt Schuld, aber gleichzeitig hat auch niemand wirklich die Kraft, zu helfen.
- »Ich habe es getan.« Dies ist eine umfassendere Perspektive, die es uns ermöglicht, aus allem, was geschieht, das Beste zu machen.

Alle drei Sichtweisen sind gültig, und jede einzelne ist in ganz bestimmten Situationen angebracht. Problematisch wird es nur, wenn Sie in einer dieser Perspektiven stecken bleiben.

Das Salzsäulen-Syndrom: innere und äußere Erstarrung

Wenn Sie die Melancholie besiegt haben, weicht der Druck von Ihren Augen und Ihrer Stirn und Sie lernen die dritte Sprosse der Leiter kennen, die vom Grund der Höhle in Richtung Ausgang führt: die emotionale Selbsteinengung, bei der Sie alles, was Sie selbst ausmacht, so sehr zurückhalten, dass Ihr wahres Wesen bis zur Unkenntlichkeit hinter Ihrer selbst erschaffenen Mauer verschwindet. Dabei verspannen Sie sich physisch und psychisch. Der körperliche Druck sitzt jetzt im Kiefer, im Kinn und im Hals. Grund dafür ist die Angst, die sich ihren Weg von ihrem Sitz im Körper am Ende des Rückgrats durch das Becken, den Solarplexus und das Herz nach oben gebahnt und im Hals festgesetzt hat. Der Rachen ist eingeengt, die Stimme klingt gequetscht, die Schilddrüsenfunktion ist gehemmt, der Kiefer angespannt und das Gesicht wirkt wie eine starre Maske.

Das Geheimnis der zwei Lebensalter und eine Formel für ein glückliches Leben

Ein Großteil vorzeitigen Alterns geht auf das Konto dieser Phase innerer und äußerer Verspanntheit. Wenn der Kiefer verspannt ist, wird das Gesicht zur Grimasse, und man bekommt Falten – sowohl von der ständigen Anspannung als auch von dem aufgesetzten Lächeln, mit dem man sein Unglücklichsein vor anderen zu verbergen sucht.

Wir haben alle zwei Lebensalter: zum einen das chronologische, zum anderen das physiologische. Unser chronologisches Alter wird durch den Kalender festgelegt, das physiologische Alter eines reifen Erwachsenen aber kann um zwanzig Jahre nach oben oder nach unten variieren.
Ein Mensch von fünfzig Jahren kann den Körper eines Dreißigjährigen oder eines Siebzigjährigen haben – es kommt ganz darauf an, wie man lebt. Menschen, die genau das tun, was ihnen Spaß macht, sind wie glückliche Kinder.
Kleine Kinder besitzen einen natürlichen Enthusiasmus – eine Eigenschaft, die bei Erwachsenen oftmals verkümmert ist. Daher haben nur wenige Erwachsene entspannte, offene Gesichter. Dazu kommt, dass Selbstaus-

druck mit einem starken Tabu belegt ist, weshalb wir uns lieber klein und unauffällig machen und ducken, um bloß nicht aufzufallen. Doch *nur wer sich selbst voll und ganz ausdrückt, glüht vor Lebendigkeit und empfindet keinerlei Stress bei seinem Tun. Wenn Sie dem noch einen gesunden Lebensstil hinzufügen mit ausgewogener Ernährung und viel Bewegung, haben Sie eine Formel für ein glückliches Leben.*

Die Waffen des Weinerlichen

Obwohl Sie sich im Stadium der inneren und äußeren Verspannung immer noch unglücklich fühlen, haben Sie bereits einen wirklichen Fortschritt gemacht. Weil Sie einen tiefen Mangel spüren und darunter leiden, sind Sie zwar weinerlich, doch dies ist immer noch um einiges besser als ein stilles, melancholisches Opferlamm oder ein verlorener, depressiver Märtyrer zu sein.
Die Vorstellung, die Sie auf der Bühne des Lebens geben, ist ziemlich pathetisch, schweres Selbstmitleid wallt in Ihnen hoch. Jetzt dringt Ihre Bitterkeit langsam nach draußen, Sie jammern, kritisieren und versuchen andere Menschen zu überzeugen, dass etwas ganz furchtbar faul ist. Indem Sie diese Leier immer wieder wiederholen, versuchen Sie ihr den Anstrich von Glaubwürdigkeit zu geben. Genauso funktionieren übrigens Propaganda und Verleumdung.
Sie machen Versprechungen, ohne die geringste Absicht, sie auch einzuhalten. Es klafft eine riesige Lücke zwischen dem, was Sie sagen, und dem, was Sie meinen. Die anderen Menschen spüren das und zögern, Ihnen Verantwortung zu übertragen. Sie sagen zwar die richtigen Sachen, aber die Essenz Ihrer Worte wirkt merkwürdig hohl und leer. Ihre Sprache ist voller Regung, doch Ihr

Herz ist kalt. Das Schlimmste daran: Alle merken es, nur Sie selbst nicht. Die Taubheit Ihrer Gefühle ist Ihnen inzwischen so vertraut, dass Sie sich nicht mehr an die Zeit erinnern können, als Ihr Herz vor Freude hüpfte und Ihr Geist jubilierte. Atem und Kreislauf sind ebenfalls von Ihrer Stimmung beeinträchtigt, Geschmacks- und Geruchssinn reduziert.

■ *Eine schmierige Seifenoper aus Klatsch und Tratsch*
Vielleicht lieben Sie es manchmal, einfach hemmungslos zu klatschen und zu tratschen. Das macht Sie noch nicht zu einem Verlierer, zeigt aber ganz deutlich, dass Sie einer niedrigen Einkommensgruppe angehören. Wenn Sie glauben, dass Sie da eigentlich nicht hinpassen, dass Sie es wert sind, mehr zu verdienen, dann achten Sie genau darauf, was Sie über andere Menschen und über Geld sagen. Sie werden schockiert sein, wie oft Sie über das System schimpfen, andere Menschen schlecht machen und Ihre Überzeugung kundtun, dass Geld etwas Schlechtes sei. Doch wenn man nichts Gutes sagen kann, ist es besser zu schweigen. Im Stadium der Melancholie mussten Sie alle Ihre Handlungen rationalisieren und alle Sichtweisen anderer, die von Ihrer eigenen abwichen, in Streitgesprächen überprüfen. Demgegenüber haben Sie jetzt einen großen Fortschritt gemacht, denn wenn Sie leiden, wirkt es tröstend, andere mit der Kraft Ihrer Worte zu zerstören. Zuletzt ersticken Sie fast selbst an Ihrer eigenen Galle, und die Erleichterung, alle die Bosheiten, die an Ihrer Seele genagt haben, hochkommen zu lassen und dann wie verdorbene Nahrung von sich zu geben, wirkt heilend.
Selbst in unserer modernen Gesellschaft sind wir nicht immun gegen die verlockenden Reize von Skandalen. Doch Klatsch kann hysterische Reaktionen der Massen

freisetzen und unschuldige Leben zerstören. Die Regenbogenpresse liefert all jenen reichlich Nahrung, die ihre Nase mit Vorliebe in die Schmutzwäsche anderer Leute stecken.

■ *Andere kritisieren und klein machen*
Wenn Sie andere Menschen kritisieren, sind Sie unbewusst hart mit sich selbst. Viele Menschen versuchen, sich selbst größer zu machen, indem sie andere klein machen, und merken gar nicht, dass das, was sie über andere Menschen sagen, nur ihre eigenen Schwachstellen widerspiegelt.

Der Begriff »konstruktive Kritik« ist ein Widerspruch in sich – niemand wird durch Kritik angespornt, und noch die kleinste Kritik wirkt wie ein Schlag in den Magen, der Betroffene krümmt sich sichtbar zusammen. Sowohl der Kritiker als auch die kritisierte Person verlieren an Vitalität, und beide sinken tiefer hinein in das Reich des Nachdenkens über das Leben, anstatt das Leben einfach zu leben.

Menschen im Stadium der inneren und äußeren Einschnürung versuchen ihren eigenen Ruf zu verteidigen, indem sie diejenigen verraten, die glücklich oder erfolgreich sind. Andere Menschen falsch darzustellen ist eine niederträchtige Kunst, die von Sensationsmachern, ihren Brüdern im Geiste, bewundert wird. Geschäftig spielen sie immer wieder die springenden Punkte durch, sie lügen zwar nicht direkt, aber sie beugen die Tatsachen so lange, bis sie in ihre Fallkonstruktion hineinpassen. Üble Nachrede und Verleumdung sind die Waffen, die selbst ernannte Versager benutzen, um die Leistungen der Erfolgreichen zu schmälern. Doch andere klein zu machen nützt ihnen nichts. Wenn Menschen sich das anhören oder sich selbst daran beteiligen, versuchen sie damit lediglich, ihren Wert zu behaupten. Doch wenn Sie selbst schlechte Dinge sagen, vermindern Sie damit nur Ihren eigenen Wert.

■ *Das schneidende Schwert des Sarkasmus*
Wer Wörter mit einer falschen Betonung benutzt, zerstört deren Bedeutung. Wenn Sie sich selbst dabei erwischen, dass Sie schneidende, doppeldeutige Kommentare abgeben, sind Sie wahrscheinlich in der Falle des Sarkasmus gefangen. Sarkasmus ist jedoch eine Geisteshaltung, die Sie nicht weiterbringt – im Gegenteil: Sie brandmarken sich damit als Verlierer und wirken auf andere armselig. Indem Sie andere bloßstellen und mit beißendem Spott karikieren, verunsichern Sie Ihre Mitmenschen zutiefst. Denn natürlich fragt sich jeder sofort, was Sie wohl über ihn sagen würden, wenn er gerade nicht anwesend wäre. Hören Sie auf damit, wenn Sie nicht geistig, seelisch und materiell verarmen wollen.

■ *Die Obsession: gewinnen oder verlieren*
Im Zustand der inneren und äußeren Verspanntheit erleben wir ein tiefes Mangelgefühl. Es besteht die Versuchung, zu täuschen, und zwar sich selbst wie auch alle anderen. Die Kompromisse, die Sie im Leben eingehen, können Sie deshalb ganz leicht rechtfertigen. Sie sind besessen davon, entweder zu gewinnen oder zu verlieren.
Ich unterscheide nicht zwischen Gewinnern und Verlierern, sondern zwischen Spielern und Zuschauern. Jeder, der sich am Spiel beteiligt, ist meiner Auffassung nach ein Gewinner. *Nur wenige Menschen nehmen das Risiko und die Verantwortung auf sich, wirklich etwas aus ihrem Leben zu machen, während die Mehrheit auf den billigen Plätzen sitzt und sie kritisiert.* Die meisten Menschen reden bloß über das Leben, nur wenige verwirk-

lichen die Dinge, von denen andere nur träumen. Sagen Sie, was Sie tun wollen, und setzen Sie es in die Tat um. Wenn Sie nur Zuschauer sind, suchen Sie die Gesellschaft von Menschen, die das Spiel des Lebens ebenfalls nicht wirklich spielen und deren Hauptbeitrag darin besteht, die anderen Zuschauer davor zu warnen, sich nicht zur Beteiligung an diesem Spiel verleiten zu lassen.

■ *Alles festhalten*
Sie wollen alles festhalten, was Sie haben, und dies macht Sie knickrig. Die meisten Beziehungen scheitern an der mangelnden Fähigkeit zu teilen. Mal geht es um Geld, mal um Zeit, mal um die Kinder, mal um das Mobiliar. Sobald sich ein Partner übervorteilt fühlt, kommt die Beziehung ins Schleudern. Böse Worte folgen, die wiederum schmerzhafte Erinnerungen schaffen und unsere wahren Gefühle nach und nach auslöschen.
Schon als kleine Babys wollten wir unsere Spielsachen nicht teilen, und als wir heranwuchsen, hatten wir vollkommen logische, legitime Gründe, unsere Süßigkeiten für uns zu behalten. Wir sammelten Beweise, um zu zeigen, dass wir Recht haben. »Was mir gehört, ist meines, was dir gehört, ist unseres.« Die ganzen Rechtfertigungen verdeckten dabei das Offensichtliche: dass wir selbstsüchtige kleine Fratzen geblieben waren. *Unsere Vorfahren im Laufe der Evolution bekamen, was sie wollten, indem sie sich gegenseitig weggebissen haben, wobei nur die Starken überlebten. Wir sind heute noch nicht viel weiter – wir nähren uns noch immer von den Schwachen. Wir sind Raubtiere geblieben, haben noch nicht gelernt, über das Schema von Angriff und Verteidigung hinauszugelangen.*

Die Umkehr: der Weg hinaus aus Sodom und Gomorrha

Den Tag, an dem Sie alles bekommen, was Sie schon immer wollten, werden Sie feiern. Und während Sie endlich in Ihrem eigenen Haus oder auf der Yacht sitzen, von der Sie immer träumten, wird Ihnen unwillkürlich ein Seufzer entfahren: »Ahhhh.« Die Erleichterung ist spürbar: »Ahhh« – es ist nichts mehr zu tun, Sie hängen nicht mehr wie ein Köder am Haken, der Druck, der auf Ihnen lastete, ist Vergangenheit, Sie haben es geschafft! Doch der Druck, der im Stadium der inneren und äußeren Verspanntheit auf Ihnen lastet, ist sehr schwer zu brechen, das massive Gefühl des Eingeengtseins ist eine der schwierigsten Hürden für einen freien Fluss des Bewusstseins und der Wahrnehmung. Es ist nicht leicht, die Gefühle und Emotionen, die in Kiefer und Hals festgehalten werden, zu befreien. Bis zu einem gewissen Grad jedoch können Sie Ihre Stimmung beeinflussen, indem Sie Ihre Einstellung ändern.

■ *Reinigen Sie Ihren Geist*
Sie können zwar nichts an dem ändern, was andere Menschen denken, doch Sie können Ihren eigenen Geist reinigen. Was Sie selbst über andere Menschen denken, ist das, was Sie in Ihrem Inneren verstecken. Wenn Sie über andere herziehen, mögen Sie damit die Zustimmung einiger notorischer Nörgler finden, kluge Menschen aber merken, dass Ihre Worte nur etwas über Sie selbst verraten. Es gibt nichts Gemeineres, als jemanden gemein zu nennen, und es gibt nichts Kleinlicheres, als andere Menschen klein zu machen. *Kluge Menschen greifen Standpunkte an, aber niemals Personen, sie missbilligen die Handlungen anderer Menschen, aber niemals die Menschen selbst.*

■ Lösen Sie die Anspannung Ihres Kiefers

Ihre Schädeldecke spiegelt Ihren Intellekt (IQ) wider, Ihre Augen Ihre Emotionen (EQ). Jede Stimmung zeigt sich ganz deutlich am Glanz oder einer Trübung der Augen. Es braucht mehr als Logik, um eine emotionale Verstopfung aufzulösen. Einzig und allein die richtige Entscheidung kann Ihre Psyche erlösen. Wenn Sie buchstäblich »sehen« können, was Sie wollen, leuchten Ihre Augen sichtbar auf.

Ihr Unterkiefer und Ihr Kinn spiegeln Ihren Neugier-Quotienten (NQ) wider. Wenn Ihr Unterkiefer verspannt ist, gilt das auch für Ihren Geist. An der Stellung des Unterkiefers kann man Ihre Lebenseinstellung ablesen. Um Ihren Unterkiefer zu entspannen, müssen Sie Ihren ganzen Körper strecken. Sanftes Yoga ist dazu bestens geeignet. Singen und aus vollem Halse vor Begeisterung schreien bringt ebenfalls wunderbare Erleichterung.

■ *Suchen Sie nach Selbstausdruck*

Trotz unserer Angriffslust sind wir immer noch Kinder, und trotz der Fallen, die in unser Sprachspiel eingebaut sind, sind wir gute Seelen. Wir können schreckliche Dinge tun, doch in Wahrheit sehnen wir uns danach, uns mit anderen Menschen zu verbinden und uns gegenseitig näher zu kommen. Seltsamerweise halten wir die Kommunikation mit anderen zurück, um von ihnen nicht erkannt zu werden. *Mit der Zurückweisung der falschen Persönlichkeit, die wir spielen, können wir leben, doch wir fürchten nichts mehr, als in unseren wirklichen Gefühlen zurückgewiesen zu werden.*

Kommunikation ist das Herz zwischenmenschlicher Verbindungen und gleichzeitig die Brücke, die uns Nahrung, Gemeinschaft, Sexualität und Liebe bringt. Wenn Sie anderen ganz klar mitteilen, wer Sie sind und was Sie wollen, ziehen Sie automatisch Seelenverwandte an.

Auch wenn Sie kein professioneller Redner sind, haben Sie etwas ganz Wesentliches zu sagen. Sagen Sie ganz offen, was Sie bewegt, und sprechen Sie mit lauter, klarer Stimme.

Wenn Ihre Kommunikation unecht ist, sammeln Sie äußerlich überfreundliche Menschen um sich, die Sie insgeheim verachten. Sind Ihre Worte dagegen offen und klar, lieben oder hassen Sie die anderen für das, was Sie sind. Wenn Sie sich ausdrücken, werden Sie zu einer Quelle von Integrität und der Druck weicht von Ihnen.

Herzschmerz, Liebeschaos und Melodrama: Traurigkeit

Mit dem Stadium der Traurigkeit haben Sie die vierte Sprosse des Aufstiegs aus der Höhle erreicht (siehe Landkarte im Kapitel »Wie Sie geboren wurden und wohin Ihr Weg Sie führte«). Sitz der Traurigkeit ist das Herz. Wir alle kennen das Gefühl, verliebt zu sein oder das, was wir tun, zu lieben. Wir wissen aber auch, wie es sich anfühlt, ein schweres Herz zu haben. Das Problem dabei besteht darin, dass uns diese Herzschwere langsam und schleichend überkommt, meist im Verlauf von Jahren, sodass wir uns an sie gewöhnen und uns nach einer Weile nicht mehr traurig fühlen. Doch dabei entgeht uns schlicht, dass wir nicht mehr glücklich sind. Ein schweres Herz zu haben bedeutet, dass Sie heimlich einen anderen Menschen dafür verantwortlich machen, wie sich Ihr Leben entwickelt hat. Nachdem Sie sich so an den Zustand der Verzweiflung gewöhnt haben, merken Sie nicht einmal mehr, dass Sie die Verantwortung für Ihr Glück an andere Menschen abgegeben haben.

Herzschmerz ist nicht notwendigerweise verbunden mit einem schrecklichen Verlust, viel häufiger handelt es sich dabei schlicht um das Fehlen von Freude. Wenn ich Menschen frage, ob sie wirklich glücklich sind, lachen die meisten. Doch ihr Lachen ist ein schwaches, freudloses Lachen. Die Mehrzahl der Menschen, die ich interviewt habe, erzählten mir, dass sie vom Leben enttäuscht seien.

Die Leere ist in der menschlichen Gesellschaft so allgegenwärtig, dass sie für normal gehalten wird. Fröhlichen Menschen, die leichten Herzens sind, wird mit Misstrauen begegnet, sie gelten als frivol. Und wer sich obendrein liebevoll und herzlich verhält, kann zur Zielscheibe verbaler Attacken werden oder der Lächerlichkeit preisgegeben werden. Im Laufe der Menschheitsgeschichte wurden viele Persönlichkeiten, die große Liebe verströmten, gekreuzigt, vergiftet, eingekerkert oder ausgestoßen.

Wenn Ihr Herz leicht ist, fühlen Sie sich großartig, wenn es schwer ist, sind Sie ein einsames Wesen – ein verschlossenes Herz fühlt sich schrecklich an. Fühlen Sie sich von Herzen glücklich, wird Ihre Thymusdrüse stimuliert und Ihr Immunsystem angeregt. Traurigkeit dagegen übt Druck auf die Thymusdrüse aus: Es gibt einen klaren Zusammenhang zwischen Einsamkeit, niedrigem Selbstwertgefühl und einer geschwächten Gesundheit. Kinder haben eine große, robuste Thymusdrüse, doch wenn wir älter werden, schrumpft sie. Ich glaube außerdem, dass sie durch traumatische Erlebnisse Schaden nehmen kann. Gleichzeitig bin ich überzeugt davon, dass Sie Ihre Thymusdrüse zu Wachstum und Ausdehnung stimulieren können, indem Sie Ihr Herz öffnen.

Weise und Gelehrte haben die Region des Herzens als den Sitz der Seele bestimmt. Die westliche Psychologie platziert den Geist im Kopf, die östliche im Herzen – beide Systeme haben ihre Vorzüge. Wenn es um Wissensfragen geht, denken Sie mit dem Kopf, wenn es um Gefühle geht, mit dem Herzen, in der Balance liegt die Weisheit. Intelligenz besteht in einer empfindlichen Balance zwischen Weisheit und Intellekt und fußt auf einer dynamischen Kombination aus klarem Denken und Fröhlichkeit.

Eine kurze Anatomie der Traurigkeit

Das Kommunikationsmuster eines Traurigen zeigt, dass seine natürliche Liebe und sein Respekt wie eine vernachlässigte Pflanze eingegangen sind, kindliche Freude ist Pessimismus gewichen. Ein schweres Herz wirkt wie ein Magnet auf andere Menschen, die niedergeschlagen sind, das Selbstwertgefühl ist niedrig. In Ihrer Verfassung ist es Ihnen vollkommen unbegreiflich, weshalb Menschen, um die Sie sich sorgen, Sie im Stich lassen. Im Stadium der Traurigkeit ersetzen Sie Ihr Mitgefühl durch Besorgtsein. Mitgefühl zu empfinden bedeutet, in bedingungsloser Zuneigung und voller Respekt miteinander zu fühlen. Besorgtsein belastet andere Menschen – unbewusst bestrafen wir sie damit. Ihre Lieben spüren die lastende Schwere Ihrer Zuneigung und vermissen die unbeschwerte Leichtigkeit der Freude zu lieben. Deshalb sehen sie sich auch dazu gezwungen, sich Ihren besitzergreifenden Forderungen zu widersetzen und zu entziehen.

■ *Das Leben als Seifenoper*
Wenn Sie sich in Ihre Traurigkeit hineinfallen lassen, wird das Leben für Sie zu einer einzigen Seifenoper, Sie versinken im Melodrama, wirken auf andere pathetisch und launisch. Falsche Freunde leihen Ihnen ihr Ohr, Sie genießen die Aufmerksamkeit, aber Sie können sie nicht spüren. *Auf der Frequenz der Traurigkeit isolieren sich Menschen innerlich. Sie beurteilen andere Menschen so*

hart und gnadenlos, dass keiner mehr um sie herum sein will, und da die meisten Menschen, wenn sie zu altern beginnen, den Kontakt zu ihren Freunden und Verwandten verlieren, gehen Einsamkeit und Altern Hand in Hand.

- *Ein Vollbad in Selbstmitleid*

Wer sich selbst Leid tut, gibt unbewusst anderen Menschen die Schuld für seinen Rückzug aus dem sozialen Netzwerk. Doch in Wirklichkeit haben Ihre harten Urteile über andere Menschen dazu geführt, dass es Ihnen Ihre früheren Freunde und Bekannten nicht mehr wert sind, an Ihrem Leben teilzuhaben. Ihre Stimmung ist dunkel und pessimistisch, ein schwerer Schatten zieht über Ihr Herz. Wenn Sie in den Spiegel schauen und Augen voller Schmerz sehen, sind Sie erfüllt von Selbstmitleid, und Ihr Gesicht ist zu einer tragischen Maske erschlafft. Doch sehen Sie auch das Gute daran: Wenn Traurigkeit zu Ihrer vorherrschenden Realität geworden ist, sind Sie immerhin schon frei von Depression, Melancholie und äußerer und innerer Anspannung. Leere zu empfinden ist immer noch besser, als in Apathie zu versinken. Auf dieser Stufe spüren Sie schon etwas, auch wenn es wehtut. Noch sind Sie allein in Ihrer Selbstgerechtigkeit, in Ihrem Leben scheint etwas oder jemand zu fehlen. *In diesem Stadium des Bewusstseins und der Wahrnehmung packt Sie Angst,* und zwar vom Ende der Wirbelsäule bis hinauf zu Ihrem schweren Herzen. *Sie fühlen sich nicht geliebt, Schmerz löscht Ihr Gefühl für sich selbst aus und die fehlende Lebendigkeit in Ihrem Herzen löst Gedanken der Verzweiflung aus.*

- *Versteckspiele hinter einer Maske aus Arroganz*

Auf dieser Bühne des Lebens tragen die Darsteller Arroganz als Maske der Prahlerei. Es mag gut sein, dass Sie intellektuell äußerst brillant sind, vielleicht werden Sie von einfachen Sterblichen um Ihre Gaben beneidet. Doch wie konnte es nur dazu kommen, dass Sie so speziell geworden sind, dass niemand mehr Zeit für Sie hat? Wenn Ihr Herz unberührt und kalt ist, können Ihre klugen Erklärungen und Rechtfertigungen Ihre einsame Innenwelt kein bisschen wärmer machen.

■ *Das Fehlen von Freude*
Langsam beschleicht uns das Gefühl von Enttäuschung und trübt die strahlende Liebe, die unsere natürliche Verfassung ist. Mit jedem Jahr der Kindheit verlieren wir ein Stück unserer natürlichen Freude. Dennoch würden die meisten Menschen von sich behaupten, grundsätzlich glücklich zu sein, allerdings nur so lange, bis sie beginnen, ihr Glücklichsein mit dem eines kleinen Kindes zu vergleichen.
Akute Traurigkeit kann man spüren, doch chronisches Leiden betäubt Sie bis zu dem Punkt, an dem Ihnen Ihr Unglücklichsein ganz natürlich vorkommt, weil die Dinge im Leben eben so sind. Ihr Gesicht und Ihr Körperausdruck lassen ein Herz ahnen, das die Menschen nicht so akzeptieren kann, wie sie sind.

Das Romeo-und-Julia-Syndrom
oder: die Katastrophen der romantischen Liebe

Unerfüllte Sehnsucht und unerwiderte Liebe bieten den Stoff für viele moderne Songs und Filme. Statt die Warnungen, die uns die Mythen bieten, zu beachten, sind wir vom Glanz der Schauspieler und der Faszination des Theaters und des Kinos hypnotisiert. Romanzen versetzen uns in Trance, sie sind die Gespenster, die uns im Stadium der Traurigkeit jagen. Romanzen arbeiten mit

den Elementen von Verlust und verzehrender Sehnsucht, und ein infizierter Liebeskranker will nur jemanden, den er nicht haben kann. Unerfüllte Liebe ist die Basis des mittelalterlichen Minnesangs, großer Romane und Tragödien von »Tristan und Isolde« über »Othello« bis »Romeo und Julia«. Diese einzigartigen Mythen und Geschichten wurden geschaffen, um uns vor der Gefahr verschwommenen Denkens zu warnen, denn *schmerzhafte, besitzergreifende Gefühle führen immer direkt in die Tragödie. Romanzen sind ein Fluch, der uns von archaischen Geschichtenerzählern angehext wurde.* Die Märchenatmosphäre verzaubert unsere Wahrnehmung und schläfert sie ein wie ein Narkotikum: Da ist jemand, der Sie mit dieser wahren, einzigartigen Liebe umgarnen wird, jemand, der Sie aus Ihrem ganz gewöhnlichen Leben erretten wird. Psst, leise, leise – hören Sie nicht den Hufschlag? Könnte dies nicht Ihr Prinz sein, der angeritten kommt, um Sie zu erlösen?
Ein romantisches Zwischenspiel kann Spaß machen. Die Wahrscheinlichkeit des Verlustes schürt die Hitze der Herzen und erneuert ständig die Wertschätzung des anderen. Doch wenn Sie süchtig nach der romantischen Liebe werden, schafft dies passive Aggression, die Ihre Sinneswahrnehmung zerstört und Ihr Herz fühllos macht. Oberflächlich gesehen lieben Sie einander, doch in der Tiefe verletzen Sie sich gegenseitig. Unbewusst wollen Sie Ihren Schmerz mit Ihrem Geliebten teilen. Obwohl Sie spüren, dass Sie sich geirrt haben, warten Sie auf den Beweis, der Sie zwingt, den Geliebten mit gespitztem Speer anzugreifen. Ihre hitzige Liebe ist abgekühlt zu stählerner Wut. Jeder Psychologe, Freund, Angehörige oder Anwalt, der mit Scheidungen zu tun hat, kann Ihnen sagen, dass der größte Hass für ebenjenen Menschen reserviert ist, den Sie einst am meisten geliebt haben.

Wenn Ihr Herz wund ist, neigen Sie zu Mustern der Täuschung und des Schmerzes. Die Furcht, dass Ihr Geliebter seine Liebe einer anderen schenken könnte, schafft eine eisige Hand, die ihren Klammergriff auf Ihre Brust legt. Vielleicht wischen Sie die Bedrohung durch ein Eheversprechen weg, indem Sie beide versprechen, sich treu zu sein. Damit versuchen Sie, Ihre Zuneigung von allen anderen Menschen zurückzuhalten, doch Sie reiben sich an dieser ganz und gar unnatürlichen Regelung wund und schließlich wird Ihr Herz taub.

Es ist einfach nicht möglich, seine Liebe für einige wenige Menschen aufzubewahren, ohne sie damit allen anderen Menschen vorzuenthalten. Liebe zurückzuhalten ist ein gefährliches Spiel, das schließlich denjenigen trifft, der sein Gelingen darin sucht. Möglicherweise sagte Jesus deshalb, dass wir unsere Feinde lieben sollen.

Jenseits der Liebe als Krankheit: die Segnungen der bedingungslosen Liebe

Bedingungslose Liebe bedeutet eine Liebe ohne jegliche Grenzen. Stellen Sie sich einen Ehemann und eine Ehefrau vor, die sich lieben. Gleichzeitig lieben sie ihr gemeinsames Kind, und zwar bedingungslos. Die gegenseitige Zuneigung des Ehepaares hängt jedoch davon ab, wie die Dinge gerade so laufen – zu manchen Zeiten schenken sie sich ihre Zuneigung in vollkommener Freiheit, zu wieder anderen Zeiten halten sie ihre Liebe zurück, entsprechend ihrer Einschätzung, ob der andere die ungeschriebenen Regeln befolgt oder nicht. Gegenüber dem gemeinsamen Kind fließt die Liebe wie Wasser, doch Erwachsene gehen miteinander anders um, und die Spiele, die sie mit dem Zurückhalten von Liebe spielen, können ein Herz verschließen.

Der unermessliche Schatz tiefer Bindungen

Neben der romantischen Liebe verfügen wir alle über wichtige Bindungen, die wesentlich dafür sind, dass uns das Leben wertvoll erscheint. Unsere tiefste Liebe ist das Band, das wir gegenüber unserer Familie empfinden, und der Verlust eines Familienmitglieds ist das größte Trauma, das man sich vorstellen kann.
Eine weitere Tragödie besteht darin, mit Menschen zusammenzuleben, die wir lieben, und erleben zu müssen, wie Konflikte und Gewöhnung die Verbindung vernichten. *Es bedarf einer ganz besonderen Aufmerksamkeit, die Liebe am Leben zu erhalten. Dazu müssen Sie Krieg gegen alles Gewöhnliche und Durchschnittliche und gegen den größten Feind der Liebe führen: gegen die Gewöhnung.*

Au revoir, tristesse!

Um sich ein für allemal von der Last der Traurigkeit zu befreien, gibt es drei höchst wirksame Wege:

- *Öffnen Sie Ihre Herzenstür*
So hart es klingen mag, ist es doch die volle Wahrheit: Ein Herz öffnet sich nur dadurch, dass es gebrochen wird.
Doch es gibt noch einige sanfte, einfache Wege, ein verhärtetes Herz zunächst einmal aufzuweichen: Wenn Sie unglücklich sind, lassen Sie es zu, dass Sie von Traurigkeit übermannt werden. Lernen Sie, tief zu empfinden, und genießen Sie Ihre Tränen, wenn Sie weinen. Dies ist der wirksamste Weg, Ihr Herz zu heilen. Wenn Sie von Trauer überwältigt werden, so lassen Sie dieses Gefühl fließen. Doch halten Sie Ihre Geschichte heraus, vertiefen Sie sich nicht länger in Detailprobleme oder in Grübeleien über das

Leben schlechthin. Das Gefühl der Trauer voll und ganz zuzulassen und zu durchleben wird Ihre Stimmung heben – vorausgesetzt, Sie versinken nicht in Selbstmitleid. Mitleid mit sich selbst zu hegen oder anderen die Schuld zuzuweisen, wird Sie nur wieder weiter in Richtung Höhlengrund ziehen.

■ *Übernehmen Sie Verantwortung*
Auf der Stufe der Depression mag es nützlich gewesen sein, anderen die Schuld zu geben, weil in diesem Stadium Aggression Ihre Gefühle in Bewegung zu bringen vermochte. Doch wenn Sie auf der Ebene der Traurigkeit angelangt sind, müssen Sie eine größere Verantwortung für Ihr Leben übernehmen, indem Sie Ihre Aufmerksamkeit auf den Druck richten, unter dem Sie stehen, und vertraut werden mit Ihrer Qual. Fühlen Sie all diese Emotionen mit Ihrem Herzen, und studieren Sie sie sorgfältig, um zu erkennen, dass und wie Sie aktiv an ihnen mitwirken. Verantwortung zu übernehmen bedeutet, dass Sie die Entscheidungen in Ihrem Leben selbst treffen. Dies ist natürlich nur eine mögliche Version der Realität und nicht die ganze Wahrheit, doch es ist einfach eine Strategie, die uns die Macht über verschiedene Ereignisse unseres Lebens gibt.

■ *Lernen Sie zu vergeben und zu vergessen*
Wenn Sie erkennen, dass Sie aktiv Gefühle in Ihrem Herzen zurückhalten, um sich an anderen Menschen zu rächen, können Sie mit dem Prozess des Verzeihens beginnen. Sobald Sie Ihren Anteil an Ihrem Leben erkennen, ohne Schuld und ohne Entschuldigungen, stehen Sie vor der Wahlmöglichkeit zu vergeben, zu vergessen und einfach weiterzugehen. Richten Sie dann Ihre wiedergewonnene Aufmerksamkeit darauf, wie Sie sich gern fühlen möchten.

Die Formel für den verlässlichsten Weg zum Glück

Der verlässlichste Weg zum Glück besteht darin, dass Sie jemanden finden, der Sie braucht. Und wenn Sie dafür an tausend Türen anklopfen müssen – bleiben Sie dabei, bis Sie jemanden finden, um den Sie sich kümmern können. Arbeiten Sie ehrenamtlich, finden Sie eine lohnende Aufgabe und stürzen Sie sich voll hinein. *Wenn Sie genügend Menschen treffen, werden Sie den einen finden, der Ihre Gefühle erwidert. Und dieser Mensch wird so ganz und gar nicht dem Bild ähneln, das Sie von der oder dem »Richtigen« in Ihrem Kopf spazieren tragen.*

Auf der Bühne des Wettbewerbs und der Machtspiele: Ärger

Wenn Sie das Stadium der Traurigkeit überwunden haben, erreichen Sie die emotionale Stufe des Ärgers. Sie können zwar dem Reich der Traurigkeit und der inneren und äußeren Verspannung immer noch Besuche abstatten, doch Melancholie und Depression liegen jetzt schon weit hinter Ihnen.

Ärger sitzt im Solarplexus und besteht aus einer körperlichen Anspannung, die sich vom Bauchraum bis in die Beine erstreckt. Ihr Bauch ist das Zentrum Ihrer Instinkte, und wenn er die ganze Zeit schmerzt, ist das ein untrügliches Anzeichen dafür, dass Sie nicht Sie selbst sind. Sind Sie dagegen erfüllt von Begeisterung, spüren Sie Schmetterlinge im Bauch. Auf der gegenwärtigen Stufe jedoch ist Ihre Begeisterungsfähigkeit gelähmt, der Solarplexus blockiert.

Inzwischen können Sie sich zwar schon am Leben freuen, doch Sie kommen nicht darüber hinweg, dass andere das Leben noch mehr zu genießen scheinen, Sie wollen auch teilhaben an dem guten Leben, das die Werbung verspricht, und es ist nicht fair, dass Sie übergangen werden. Deshalb versuchen Sie, andere Menschen zu benutzen, um zu bekommen, was Sie wollen.

Das Problem von Kontrolle und Autorität

Ärger ist das Gefühl, dass andere Menschen die Kontrolle über Ihr Leben übernommen haben, und Kontrolle ist das Kernproblem der meisten zwischenmenschlichen Beziehungen. Es ist uns gelungen, Jahrmillionen der Evolution zu überleben, indem wir unsere Umwelt kontrollierten, zu unseren Gefährten und zu unserem Stamm hielten. Zugehörigkeit ist ein menschliches Grundbedürfnis – wird es zerstört, fühlen wir uns ausgestoßen, schwelende Wut, die gelegentlich in feurigen Zorn ausbricht, glimmt in unserem Bauch, die Ausbrüche sind Ergebnis unerfüllter Erwartungen und Sehnsüchte.
Normalerweise beziehen wir das Gefühl persönlicher Macht und Stärke aus dem Wissen um unseren Platz in einem Netzwerk von Freunden. Da unsere Beziehungen über unseren Platz in der Gemeinschaft bestimmen, müssen wir unseren Rang in der Hackordnung genau kennen. Wird uns die Gemeinschaft aufgekündigt, betrachten wir diejenigen, die uns ausgeschlossen haben, als Feinde. Genau dieselbe Dynamik wirkt leider auch zwischen Paaren, weshalb Scheidungen oft zu erbitterten Rosenkriegen werden. Auf der Stufe des Ärgers ist in Beziehungen vor allem die Frage, wer die Führung hat, entscheidend. Wer ist der Steuermann und wer der Ruderer? Wer ist oben, wer ist unten? Wie kann man den Partner kontrollieren? Aus Vertrautheit ist Verachtung gewor-

den, beide wollen die Beziehung aufgeben. Wenn wir den anderen Menschen nicht kontrollieren können, wollen wir ihn zerstören.

Im Beruf türmen sich drohend Autoritätsprobleme auf. Sie halten es nicht aus, dass Ihnen jemand etwas anschaffen will, und übertragen die Aufgaben, die Sie verrichten sollen, an Ihre Untergebenen, die sie ebenfalls nicht ausführen. So erhalten Sie Druck von beiden Seiten, was zu Magenschmerzen führt. Bezeichnenderweise leiden Manager auf der mittleren Ebene traditionell an Magengeschwüren. Ihr Zugehörigkeitsgefühl ist gestört, Sie fragen sich, wo ihr Platz in der Hierarchie ist, und können nicht losschlagen, ihr Ärger staut sich auf. Sie sind genau in der Mitte gefangen, sind mit einem Problem der Mitte konfrontiert: dem mittleren Management, dem mittleren Lebensalter und der Mittelklasse. Sie fühlen sich gefangen zwischen Vorgesetzten und Untergebenen. Wenn Sie sich in einer Position wähnen, die Sie nicht selbst gewählt haben, reagiert Ihre Körperchemie darauf mit Ärger. Unter der Oberfläche brodeln Sie, Ihre Frustration kocht gelegentlich über in einem Wutanfall. *Die Volksweisheit macht uns weis, wir müssten unsere Gefühle ausdrücken, doch das ist wie Benzin ins Feuer gießen. Primitive Wut ist ein Rückfall in ein früheres Stadium der Evolution – wenn wir in Rage sind, sind wir Wilde.* Sie wollen das nicht glauben? Dann schauen Sie das nächste Mal in den Spiegel, wenn Sie so richtig in Fahrt sind.

Die sieben Phasen des Teufelskreises aus Ärger

1. Der Teufelskreis beginnt mit ein paar Grundannahmen wie zum Beispiel: »Das Leben ist gerecht«, »Andere Menschen wahren unsere Interessen«, »Eine Ehe hält

fürs Leben«. Diese naiven Vorstellungen programmieren unsere Enttäuschung geradezu vor.
2. Unbewusst verhärten wir unsere Grundannahmen zu Regeln und erwarten von anderen Menschen, dass sie sich an diese halten.
3. Indem wir wütend auf andere Menschen werden, üben wir emotionalen Druck auf sie aus. Weil sie unsere Erwartungen nicht erfüllt haben, verspannen wir uns so lange, bis sie endlich reagieren. Wir fügen uns selbst Schmerz zu, um diejenigen, die uns lieben, zu beeinflussen. Ein Baby schreit und weint, um zu bekommen, was es will. Ein Erwachsener leidet so lange still, bis Familie und Freunde ihr Verhalten ändern.
4. Funktioniert diese Strategie nicht, ziehen wir uns auf uns selbst zurück. In Phase vier suchen wir nach einem Ausgleich durch Rückzug. In unserem Wunsch, Leben und Karriere anderer Menschen zu zerstören, setzen wir Logik und gesunden Menschenverstand außer Kraft. Doch die Entfremdung von anderen ist ein zweischneidiges Schwert: Wir verletzen uns damit selbst und jene Menschen, die sich unserer Autorität nicht gebeugt haben.
5. In der fünften Phase suchen wir die Zustimmung von Menschen, die unsere Gefühle teilen. Kollegen, Freunde, Fremde und sogar unsere Kinder werden in die Schlacht mit einbezogen. Jeder muss erkennen, wie sehr uns Unrecht getan wurde, egal, um welchen Preis.
6. In der sechsten Phase führt allzu große Vertrautheit dazu, dass wir gegenüber dem Guten in anderen Menschen blind werden. Das Leben wird freudlos, es ist zu spät, die guten Zeiten sind an uns vorübergegangen.
7. Schließlich trüben Wolken unsere Wahrnehmung, sodass wir neue Möglichkeiten verwerfen, bevor wir ihnen eine Chance geben. Ärger wird für uns zur Lebensform.

Wie wir uns fühlen, bestimmt darüber, wie andere Menschen uns sehen. Wenn Sie befürchten, dass jemand Sie verletzen wird, wird es geschehen. Wenn Sie befürchten, dass jemand Sie verlassen wird, wird er sich zum Gehen gedrängt fühlen. Die Wahrnehmung auf der Stufe des Ärgers ist geprägt von verletzenden zwischenmenschlichen Beziehungen. Versteckter Ärger färbt die Kommunikation ein, unbewusst wollen Sie Ihre Mitmenschen scheitern sehen.

Wege aus der Ärger-Falle

■ *Entwickeln Sie Selbstwertgefühl*
Das härteste Stück auf dieser Bewusstseinsstufe besteht darin, dass Sie sich nicht gleichwertig mit anderen empfinden. Andere haben Ihrer Meinung nach mehr Talent, bessere Beziehungen und viel mehr Urlaub. Hören Sie auf damit, andere klein zu machen, nur um sich selbst größer vorzukommen. Und tun Sie nicht länger so, als wären Sie weniger wert als andere Menschen. Was Sie brauchen, um das Stadium des Ärgers zu überwinden, ist ein gutes Selbstwertgefühl. Daher müssen Sie ein starkes Gefühl für Ihre Wichtigkeit und Bedeutsamkeit entwickeln. Machen Sie sich dabei keine Sorgen um Ihr Ego – es muss erst gestärkt werden, bevor Sie wachsen können. Wenn Sie in die Ärger-Falle getappt sind, müssen Sie sich nur an Ihren wirklichen Wert erinnern, denn Sie haben den Kontakt mit Ihrer wahren Identität verloren. *Hören Sie auf damit, Ihr Leben auf andere Menschen zu bauen, denn Sie selbst sind das eigentliche Zentrum Ihrer Existenz. Wenn Sie Schluss damit machen, anderen Menschen gefallen und in ihre Erwartungen hineinpassen zu wollen, werden Sie zum Mittelpunkt Ihres eigenen Universums,* und Ihre wahren Freunde werden begeistert

sein, dass Sie wieder ganz bei sich selbst angekommen sind.

■ *Verwandeln Sie Ärger in Spaß*
Der wirkungsvollste Weg, zur nächsten Stufe aufzusteigen, liegt darin, den Ärger in Spaß zu verwandeln. Um Ihren Sinn für Humor und Staunen zu wecken, müssen Sie bei Ihren fünf Sinnen anfangen: Steigern Sie Ihr Empfinden, zu sehen, zu hören, zu berühren, zu schmecken und zu riechen. Gehen Sie hinaus in die Natur und öffnen Sie alle Ihre Sinne. Erinnern Sie sich dabei daran, wie verspielt Sie als Kind waren, und beleben Sie das Spielerische in Ihrer Natur neu. Oder suchen Sie sich eine große Herausforderung, auf die Sie sich voll und ganz konzentrieren müssen. *Intensive Tätigkeiten, bei denen wir uns selbst vergessen, reinigen den Körper weitaus nachhaltiger von negativen Gefühlen als ständiges Wiederkäuen des immer Gleichen.*

■ *Bringen Sie Denken und Fühlen zusammen*
Emotionale Intelligenz (EQ) ist lernbar. Sie besteht nicht aus Instinkt und Intuition, sondern darin, Emotionen identifizieren, benutzen, verstehen und mit ihnen umgehen zu lernen. Nur nach Ihrem Bauchgefühl zu gehen bringt nichts, da Gefühle täuschen können. Reagieren Sie deshalb nicht einfach auf ein Gefühl, sondern denken Sie vorher nach. Trauen Sie nicht nur Ihren Gefühlen allein, überprüfen Sie Schritt für Schritt, was funktionieren kann und was nicht, bevor Sie handeln. Nehmen Sie Probleme vorweg und bereiten Sie Strategien vor, sie zu vermeiden.

Ein Leben in Sehnsucht
nach Morpheus' Armen: Erschöpfung

Wenn der Ärger langsam aus Ihrem Bauch verschwindet, werden Sie merken, wie sehr er mit Erschöpfung verbunden war, die sich in Ihrem Unterbauch angesammelt hat. Zu viel Arbeit, nicht genügend Schlaf und sexuelle Frustration haben sich so lange in Ihnen aufgestaut, bis Sie zu müde wurden, um sich überhaupt entspannen zu können. Jetzt haben Sie die nächsthöhere Stufe auf der Landkarte im Kapitel »Wie Sie geboren wurden und wohin Ihr Weg Sie führte« erklommen: das Stadium der Erschöpfung.
Die meisten Menschen der Dritten Welt leiden an Hunger, die meisten Menschen der so genannten zivilisierten Welt leiden an Schlafmangel und -störungen. Wir sind erschöpft, Uhren und Maschinen bestimmen über unseren Geist und unseren Körper.
Gelingt uns keine Balance zwischen Schlaf, Ernährung und Sexualität, wird unsere Sinnlichkeit gedämpft. Statt spielerisch zu sein, verstellen wir uns und verlieren den Geschmack am Leben. *Erschöpfung ist Angst, die sich festgefressen hat, sie unterdrückt Wünsche und Sehnsüchte, die der Treibstoff des menschlichen Bewusstseins sind.*
Ein Großteil der Erschöpfung geht auf ungelöste Probleme zurück. Sie vergessen, dass das Leben ein Spiel ist, dass der Beruf ein Spiel ist, das Sie zu Ihrem Spaß spielen. Sobald Sie es ernst nehmen, verlieren Sie. Zuerst machen Sie sich Sorgen, dann spüren Sie Erschöpfung. Falsches Verantwortungsgefühl hält Menschen nächtelang wach.
Erschöpfung ist wie eine Epidemie, sie verursacht geistige und seelische Zusammenbrüche und hat Anteil an

vielen Krankheiten. Sich um den Schlaf zu betrügen schwächt das Immunsystem und macht den Körper anfällig für Erkältungen, Infektionen und sogar für Krebs. Wir alle wissen, dass wir eine Erkältung oder Grippe abwehren können, wenn wir uns stark und ausgeruht fühlen. Doch dieses Gefühl hat in der industrialisierten Welt Seltenheitswert. Mag sein, dass wir vergessen haben, wie es sich anfühlt, voll und ganz wach zu sein, Trägheit dagegen ist bedauerlicherweise nicht so selten.

Hinter Erschöpfung schlummert immer eine Bedrohung

Im Zustand der Erschöpfung fürchten Sie ständig, dass etwas Schreckliches geschehen könnte, wenn Sie nicht weitermachen wie bisher. Eine Bedrohung ist schlimmer als ein tatsächlicher Angriff – der ist zumindest ein Ereignis mit Anfang, Mitte und Ende. Eine Bedrohung dagegen liegt nur in der Luft, und die Vorwegnahme dessen, was alles passieren könnte, ist entsetzlich.
Wenn Sie erschöpft sind, fühlen Sie sich geschlagen. Kaum ein Mensch kann sich so akzeptieren, wie er ist. Was jeden Einzelnen von uns niedergeschlagen macht und uns dazu zwingt, uns und anderen ständig etwas beweisen zu müssen. Wir arbeiten hart und lange und versuchen mit dem Wert, den wir daraus schöpfen, unsere Familie und Gemeinschaft zu beeindrucken. Doch je mehr wir unternehmen, um zu beweisen, dass mit uns alles in Ordnung ist, desto mehr fühlen wir uns erschöpft. Und wenn uns dieser Beweis nicht mehr gelingt, geraten wir noch tiefer in den Teufelskreis.
Das Seltsame ist jedoch, dass Sie den Grad Ihrer Erschöpfung nicht spüren, dass Sie geistig und körperlich taub sind und Ihre Sexualität eingeschlafen ist. Sie sind der

Dinge müde, die Sie tun müssen, andere müssen Sie zu Tätigkeiten motivieren, die Sie lieber nicht machen wollen.

Unterdrückte Sexualität als Ursache chronischer Erschöpfung

Chronische Erschöpfung hängt direkt mit sexueller Unterdrückung zusammen. Wenn es Menschen nicht gelingt, sich sozial und sexuell zu verbinden, schaffen sie sich Traumwelten, um ein Ventil für ihre unausgedrückte sexuelle Energie zu haben. Da dies meist nicht reicht, überwältigt die aufgestaute Energie den Körper, was zu einem Verlust der Vitalität führt. Um Ihre volle Lebendigkeit genießen zu können, müssen Sie herausfinden, was Sie anregt und was Sie gern tun wollen. Sexualität ist unsere Lebensquelle, ihr verdanken wir unsere Existenz. Stirbt sie ab, sterben auch wir. Chronische Müdigkeit ist ein Warnzeichen von Thanatos, dem Todestrieb.

So wecken Sie Ihre Lebensgeister

Gönnen Sie sich Schlaf, verweilen Sie ganz allein mit sich selbst im Traumland. Die schönste Zeit ist die, kurz nachdem der Wecker klingelt – reine, kreative Alpha-Zeit, in der Ihre Träume reich an Bildern sind, die Ihnen zeigen, wie Sie Ihr Leben leben sollten. Gönnen Sie Ihrem Körper diese kostbare Stunde zwischen Schlaf und Erwachen, und Sie werden spüren, wie klar Sie sich dadurch den ganzen Tag fühlen. Sie können nämlich nur dann Ihre Träume verwirklichen und aus Ihrer Leidenschaft einen Beruf machen, wenn Sie wach genug sind, Ihre Leidenschaft auch zu spüren.

Schlaf ist heilig. Nehmen Sie sich nichts vor für die Zeit, die Sie brauchen, um Körper und Seele in Balance zu bringen. Verstecken Sie für einige Zeit Ihren Wecker und erlauben Sie Ihrem Körper, sich so viel Schlaf zu nehmen, wie er braucht. Irgendwann wird sich Ihr Schlafbedürfnis dann einpendeln. Bei den meisten Menschen liegt es bei etwa acht Stunden pro Tag, im Winter sogar etwas mehr. Wenn Sie auf Ihren Körper hören, werden Sie ganz automatisch Ihr individuelles Maß finden. Versuchen Sie dann, Ihrem inneren Rhythmus zu folgen. *Sobald sich Ihre chronische Erschöpfung lichtet, werden Sie die Ursache erkennen: Tief in Ihrem Inneren fürchten Sie sich.* Die nächste Stufe auf Ihrem Weg aus der Höhle besteht daher darin, mit Ihrer unbewussten Angst Verbindung aufzunehmen.

Die letzte und schwerste Hürde vor einem Ausleben Ihrer Träume: Ängstlichkeit

Sobald Sie die Stufe der Ängstlichkeit erreicht haben, liegt Ihre Hauptanspannung in Ihren Beinen und Pobacken, doch diese Verspannung spüren Sie so deutlich wie keine zuvor. Denken Sie immer daran, dass der Aufstieg aus der Höhle in Richtung des Unbekannten mit jeder Stufe, die Sie erklimmen, unbequemer wird. Ihre Lebendigkeit nimmt zu und Sie haben mehr Kraft, aber gleichzeitig werden Sie auch empfindlicher, und diese gesteigerte Empfindungsfähigkeit zwingt Sie dazu, schneller auf Schmerz zu reagieren. Auf Ihrer jetzigen Stufe können Sie das Leiden nicht mehr so wie früher ertragen. *Jetzt gehören Sie zu den ganz wenigen Menschen, die sich ihrer Furcht stellen, um danach auf die Jagd nach ihren Träumen gehen zu können.* Es gibt keinen einfachen Weg, Ihre Ängstlichkeit umzuwandeln – Angst ist schrecklich, jeder verabscheut sie, außerdem gilt sie als Stigma, weil keiner als feige gelten will. Doch unter der Oberfläche unseres so selbstsicher erscheinenden Verhaltens sind wir alle furchtsame Kinder.

Auch wenn Sie glauben, dass Ihre Handlungen von Vernunft bestimmt sind, trifft in Wahrheit Ihre Angst die Entscheidungen für Sie. Sie stehen an einem Wendepunkt, können daraus aber kein Kapital schlagen, weil Sie es gewöhnt sind, das Risiko zu meiden. Sie sehen zwar einen Weg, wie Sie in das Leben Ihrer Träume hineinspringen könnten, aber wenn Sie sich trauen würden, könnten Sie danach vielleicht schlechter dastehen als jetzt oder etwas verlieren. Diese Kopfgeburt vorweggenommener möglicher Ergebnisse ist zwar dumm, aber Ihre Furcht ist ganz und gar real. Doch wohin kann man Menschen führen, wenn Angst ihre Entscheidungen bestimmt? Wie kann eine Strategie der Feigheit Menschen dazu inspirieren, ihre Mission zu erfüllen? *Auf der jetzigen Stufe sind Sie der Neugier ganz nahe, die Sie dazu zwingen wird, Ihr ganz und gar eigenes Leben zu führen. Doch die nagende Angst bleibt ein Hindernis, das Sie überwinden müssen. Dies ist die letzte und schlimmste Hürde, die Sie nehmen müssen, um Ihr Leben und Ihren Beruf in die richtige Richtung zu lenken.*

Auslöser der Ängstlichkeit

Ängstlichkeit tritt auf, wenn wir unsere ganz natürliche Angst leugnen. Es gibt nämlich wirklich gute Gründe, den Pfad des geringsten Widerstands zu gehen: Sie könnten verletzt werden oder jemanden verletzen, die Menschen werden Schreckliches über Sie sagen, Ihr Handeln kann das Leben anderer Menschen durcheinander bringen ... Dies sind zwar alles ganz reale Gefahren, doch in Wahrheit wollen Sie ganz tief in Ihrem Inneren einfach klein beigeben. Wer kann es Ihnen schließlich verübeln, dass Sie aufgeben, wenn Sie es noch nie versucht haben, durchzustarten?

Niemand will verletzt werden und es ist natürlich, Angst vermeiden zu wollen – lieber sind wir erschöpft oder taub gegenüber unseren Gefühlen. Im Angesicht der Angst ziehen wir uns auf eine weniger bewusste Stufe zurück, die vorangegangenen Stadien der Erschöpfung und des Ärgers sind leichter zu ertragen. Auf jeder Stufe unseres persönlichen Wachstums werden wir auf die vorhergehende hinabgezogen, weil wir dort wenigstens schon wissen, was uns erwartet.

Doch Angst ist unser Freund, der Weg in die Freiheit führt durch diese Tür. Das Stadium der Ängstlichkeit ist Ihr Signal, dass Sie nur noch eine Stufe vom Höhlenausgang entfernt sind, dass Sie ganz kurz davor sind, einem Leben der Gewöhnlichkeit zu entkommen. Es mag Ihnen im Augenblick wie ein Rückschlag vorkommen, doch in Wahrheit machen Sie riesengroße Fortschritte.

Eine kurze Entwicklungsgeschichte der Angst

Wenn Sie ängstlich sind, verspannt sich Ihr Körper von der Hüfte abwärts, Sie pressen die Pobacken zusammen, Ihr Atem geht flach, die Knie zittern, Sie fühlen sich auf wackligem Grund. In der unteren Körperhälfte liegen die Wurzeln unseres Bewusstseins, dort finden Sie eine Verbindung zur Instinktsteuerung, die auf Überleben ausgerichtet ist. Alles Lebensbedrohliche wird zuerst von der unteren Hälfte unseres Körpers registriert, diese Furcht kann durch Ihren Körper schießen, ohne den Umweg über Ihr Gehirn zu nehmen. Wir sind zwar dafür geschaffen, Raubtieren zu entkommen, doch die moderne

Gesellschaft ist so erfüllt von anstrengenden Konflikten, dass unser Körper ständig glaubt, er werde angegriffen. So erreichen wir schließlich das Stadium einer andauernden Verteidigungshaltung, Geist und Körper sind ständig auf der Hut.

Als Kinder fürchten wir uns nur vor dem Hinfallen und vor lauten Geräuschen, doch diese Angst weitet sich immer mehr aus. Und während sich unsere Ängste vervielfachen, lernen wir Verletzungen jeglicher Art zu fürchten, schließlich legt sich subtiler Terror wie ein Leichentuch über jede nur denkbare Erfahrung. Wir entwickeln Strategien gegen die stechende Furcht, bis wir in Verweigerung enden, mit unseren beruflichen Projekten scheitern und nur noch oberflächliche Beziehungen zulassen.

Was sich hinter Erfolgsangst verbirgt

Ängstlichkeit macht uns dünnhäutig, wir fürchten uns vor dem, was andere Menschen über uns denken und sagen. Und es liegt in unserer Natur, jeden Angriff auf unser Selbstbild zu registrieren und darauf zu reagieren. Diese Furcht wird oft als Erfolgsangst bezeichnet, dabei ist es mehr die Angst vor den Tomaten, mit denen uns unsere Gegner bewerfen könnten.

Wir alle kennen das Gefühl, vor einem großen Auditorium sprechen zu müssen: unsere Handflächen schwitzen, die Knie geben nach, wir wollen weglaufen. Und doch drängt etwas in uns ins Rampenlicht, wir werden von ihm angezogen wie Motten vom Licht. *Furcht ist die schreckliche Maske, die unsere innere Begeisterung verbirgt. Doch ohne eine gesunde Dosis Angst würden wir keine gute Vorstellung geben. Wie wir mit dem Lampenfieber umgehen, macht den ganzen Unterschied.*

Unser Gehirn denkt in der Weise, wie es geschult wurde. Uns hat man beigebracht, dass wir erst reagieren und dann unsere Reaktionen rechtfertigen sollen. Aus diesem Grund lassen sich die meisten Menschen treiben und genießen das, was andere geschaffen haben. Nur wenige riskieren Innovation und Abenteuer. Einige Forscher brachten uns Elektrizität und Flugzeuge, einige große Entertainer bringen Humor und Inspiration in unser Leben. Sie haben sich der Angst und der Möglichkeit, sich lächerlich zu machen, gestellt und hatten Erfolg. Sie könnten auch einer aus dieser kleinen Schar sein. Dazu müssen Sie nur Mitmenschen finden, die Sie dazu zwingen, genau das zu tun, wovon Sie insgeheim träumen.

Der Zusammenhang von Ängstlichkeit und Glaubenssätzen

Die meisten von uns glauben, was sie sehen und was man ihnen erzählt hat. Wir sehen weder eine magische Welt noch eine Welt aus Quanten. Wir glauben nicht an die Möglichkeit unserer eigenen Größe, weil wir uns eine Story zusammengezimmert haben, dass nur Privilegierte es schaffen. Um zu neuen Versionen der Realität vorzustoßen, bedarf es der Kühnheit. Doch unsere Erziehung belohnte uns dafür, dass wir uns an die sichere Seite hielten, wir bekamen gute Noten, wenn wir die richtige Antwort fanden, wobei »richtig« das bedeutete, was der Lehrer hören wollte. Die meisten Menschen bleiben diesem Denken verhaftet.

Unsere Ängstlichkeit wächst, wenn wir unsere Vorstellungen vom Leben auf ein Fundament von Unsinn gestellt haben. Während wir auf ein Happy End warten oder darauf, dass unser Gott den Gott der anderen besiegt, ignorieren wir neue Wege des Denkens. Märchen mit gutem

Ausgang sind das Höchstmaß an Informationen, das die meisten Menschen akzeptieren würden. Die Menschheitsgeschichte ist voll von Gewalt gegen jeden, der es wagte, unseren vergänglichen Standpunkt über den Haufen werfen zu wollen.
Was wir sehen, ist nicht das, was geschieht. Wer wir sind, ist nicht die Rolle, die wir die ganze Zeit gespielt haben. Es gibt keine einfachen Formeln, die unsere vertrauten Standpunkte ersetzen könnten. Doch wenn wir der Neugier entgegenwachsen, dann werden unsere bequemen Modelle nicht mehr länger standhalten. Wenn wir dem folgen, was uns im Innersten antreibt und uns zum Strahlen bringt, nähern wir uns einer grenzenlosen Perspektive, erhaschen schließlich einen flüchtigen Blick auf das Unbekannte. Doch die meisten Menschen kehren zu alten, abgenutzten Formeln und Platitüden zurück, um der Vorstellung von Unendlichkeit und Ewigkeit zu entrinnen.

Die Angst, das Unbekannte und der Tod

Wenn Furcht regelmäßig von Ihrem Körper Besitz ergreift, verbringen Sie wahrscheinlich sehr viel Zeit damit, sich Sorgen um Ihre Sicherheit zu machen. Wird Ihr Geld reichen? Werden Sie überleben? Furcht verwandelt Ihr Sicherheitsbedürfnis in geistlose Habgier. Wenn ich Menschen frage, worüber sie am meisten nachdenken, erzählen sie mir, dass sie sich um Geld sorgen. Wir fürchten schreckliche Folgen, wenn wir keinen regelmäßigen Geldstrom garantieren können. Diese Furcht schmettert uns in eine bizarre wirtschaftliche Realität: Wir tun Dinge, die uns keinen Spaß machen, um damit viel zu wenig Geld zu verdienen, damit wir es ausgeben können, um damit Leute zu beeindrucken, die

wir überhaupt nicht mögen. Habgier ist sozialisierte Furcht, lässt Sie sich Dinge wünschen, die Sie wirklich nicht brauchen. Niemand ist dagegen gefeit, jeder hat seine Bedürfnisse. *Sie sind bereit dazu, alles zu tun und jeder zu sein, nur damit die Angst weggeht. Unehrlichkeit ist der Anfang einer Kompromisshaltung. Wir sagen uns nicht die Wahrheit darüber, wer wir sind und was wirklich zählt für uns. Wir blicken dem Unbekannten nicht ins Auge.*
Sie könnten sterben. Sie werden eines Tages tatsächlich sterben. Wir alle wissen das, wir glauben es nur nicht. Wir geben vor, jemand zu sein, der wir nicht sind. Je mehr Sie sich an Ihre seltsamen Glaubenssätze von einem Leben nach dem Tod klammern, desto größer wird Ihr unbewusster Schrecken. Sehen Sie der Wahrheit ins Auge: Sie wissen nicht, was geschehen wird. Werden Sie neugierig!
Wer sind Sie? Was wird aus Ihnen werden? Sie wissen es nicht, niemand weiß es. Absolute Ehrlichkeit ist schwierig, sogar wenn Sie Ihr Bestes geben, kann sich Selbsttäuschung einschleichen. In Tausenden von Interviews innerhalb der letzten zwei Jahrzehnte bin ich keinem Einzigen begegnet, der akzeptieren konnte, dass seine Glaubenssätze nur Wünsche sind. Doch das ist noch nicht alles: Ihre enge Auffassung der Wirklichkeit ist lächerlich. *Sehen Sie dem Unbekannten ins Auge. Lassen Sie die Angst hochkommen und sich von ihr mitreißen. Es wird Sie nicht verletzen. Geben Sie sich dem Mysterium hin. Nur dann können Sie Ihre wahre Reise antreten.*

Strategien gegen die Ängstlichkeit

■ *Mut ist der einzige Weg in die Freiheit*
Furcht hat uns den Mut und die Originalität geraubt, die wir brauchen, um unserem Schicksal ins Auge zu sehen. Ein Mensch mit der emotionalen Stärke, frei vom Druck anderer Menschen zu denken und zu handeln, ist wahrhaft selten. Was würden Sie anstreben, wenn Sie nicht fürchten würden, daran zu scheitern? Welches Leben würden Sie führen, wenn Angst Sie nicht lähmen würde? Wie würden sich dann andere Menschen Ihnen gegenüber verhalten? Stellen Sie sich vor, Sie hätten den Mut, sich für genau die Sache einzusetzen, die Sie am liebsten täten und vor der Sie sich zugleich am meisten fürchten. Natürlich ist dies gefährliches Denken: Sie könnten damit den Status quo verändern, und Sie könnten jemanden verärgern. Aber Menschen, die innovative Wege gehen, müssen oft auch neue Freunde suchen. Denn wenn Sie Ihren ganzen Mut zusammennehmen, um ein Leben Ihrer Träume zu beginnen, kann es sein, dass besorgte Freunde Ihre Veränderung nicht mittragen und dass Sie neue Türen öffnen müssen. Dabei möchte Sie niemand klein halten, die anderen sind einfach auch ängstlich. Mut ist der einzige Pfad zur Freiheit, doch in Ihrem gegenwärtigen Bewusstseinsstadium sind Sie leider noch weit entfernt davon. Deshalb bedarf es zunächst der Politik der kleinen Schritte, die aber – zusammengenommen – Großes bewirken werden:

■ *Suchen Sie nach dem Ausgang aus Ihrer Welt im Kopf*
Ängstlichkeit beginnt im Kopf, deshalb müssen Sie etwas unternehmen, was Sie aus Ihrer Welt im Kopf hinausführt. Gehen Sie ganz bewusst eine Verpflichtung ein, indem Sie sich zum Beispiel einem humanitären Zweck

verschreiben. Sie mögen zunächst etwas zögern, doch auf der Basis einer Verpflichtung können Sie zum Handeln übergehen und etwas bewirken. Indem Sie Ihr Wort halten, zeigen Sie damit so etwas wie einen »geborgten« Mut, mit dem Sie arbeiten können, bis Ihre eigene Courage ins Spiel kommt.

Ängstlichkeit ist ein Gefühl, das Sie einfach überkommt, Sie können es nicht vermeiden, dass die Angst nach Ihnen greift. Und je mehr Sie erreichen wollen, desto größer ist das Potenzial für möglichen Widerstand, je mehr Sie Kreatives schaffen, desto mehr haben Sie zu verlieren. Gehen Sie einige kalkulierte Risiken ein, nur so lernen Sie, mit der Angst umzugehen. *Lassen Sie niemals Angst die Entscheidungen für Sie treffen. Machen Sie sich die Angst zu Ihrem Freund, aber lassen Sie sie niemals zu Ihrem Meister werden!* Um die Angst zu umarmen, bedarf es großen Mutes, denn sobald Sie den Schleier der Illusion, die Sie bedrohte, durchdrungen haben, erscheint eine noch größere Herausforderung vor Ihnen, denn *jetzt sind Sie genau im Herzen jeglichen Terrors angekommen: Sie erkennen, dass die Dinge genau das sind, was sie sind – nicht mehr und nicht weniger, und dass Sie daran nichts ändern können. Das Einzige, was Sie ändern können, ist Ihre Betrachtungsweise. Mit dieser Erkenntnis haben Sie das Ende des dunklen Tunnels erreicht. Sie spüren, dass Ihre alte, viel zu enge Weltsicht dem Untergang geweiht ist.* Starke Gefühle überwältigen Sie, Sie wollen entweder kämpfen oder fliehen. Jetzt haben Sie den Scheideweg der Neugier erreicht und blicken den Zwillingsdämonen Angst und Wut direkt ins Auge.

Die Befreiung aus der Höhle

Im Zwischenreich zwischen der Welt des Schmerzes und der Welt der Freude

Gelegentlich schenkt uns das Leben einen lichten Augenblick, der, wenn wir ihn ergreifen, alles zum Besseren hin wenden wird. *In jedem Leben gibt es Zeiten, zu denen man an einem Scheideweg steht. Die Entscheidung, die man dann trifft, bestimmt über das Leben, das man von diesem Punkt an führen wird.*
Nachdem Sie das Buch bis zu dieser Stelle gelesen haben, tauchen Sie gerade aus der Welt chronisch angespannter Aufmerksamkeit, vor allem auf sich selbst, auf und brennen vor Neugier. Sie können ganz klar in alle Richtungen blicken. Entspannen Sie sich, aber bleiben Sie wachsam: Denn jetzt stehen Sie gerade vor Ihrem entscheidenden Test für ein Leben nach Ihren Träumen.
Nachdem Sie monate- oder jahrelang mit Ihrer falschen Wahrnehmung gekämpft haben, finden Sie sich im Augenblick im Zwischenreich zwischen der Welt des Schmerzes und der Welt der Freude wieder. Jetzt können Sie mit der gleichen Wahrscheinlichkeit wieder zurückfallen in die Welt der Höhle oder beherzt nach vorn springen. Es hängt ganz davon ab, wie gut Sie mit Panik umgehen können. Ihr erster Blick in die Richtung, die Sie einschlagen müssen, ist ein Schock. Sie sehen, was Sie tun müssen und was Sie werden müssen. Daneben sieht das Ihnen so vertraute Leid in der Welt der Höhle sogar noch ziemlich verlockend aus. *Denn Ihre wahre Berufung besteht ausgerechnet darin, genau das zu tun, was Sie Ihr ganzes bisheriges Leben lang unbedingt vermeiden wollten.*

Ihr rettender Begleiter: der Neugier-Faktor

Während Sie alle in der Höhle möglichen Bewusstseinszustände durchwanderten und vom Stadium der Depression bis hin zum Stadium der Ängstlichkeit aufgestiegen sind, wurde Ihre Neugier Schicht um Schicht aufgedeckt und freigelegt. Inzwischen ist sie voll ausgebildet. Jetzt werden Sie in das Unbekannte hineingestoßen.
Neugier zu haben und neugierig zu sein bedeutet, dass Sie nichts wissen, ja, dass sogar die Dinge, die Sie zu wissen glauben, Ihnen mit neuen Fassetten und in bisher unbekannten Zusammenhängen erscheinen. Doch wer will schon unwissend sein? Wer will einer sein, der nicht zur verschworenen Loge der Wissenden gehört?
Um wachsen zu können, müssen wir uns aber ständig daran erinnern, dass wir nicht Recht haben, und zwar in nichts – weder in unseren Glaubenssätzen noch in unseren Meinungen. Denn das (Anders-)Denken anderer steht stets gleichberechtigt daneben und wirkt im Idealfall als Korrektiv. Alle Ihre Einschätzungen und Ideen darüber, was das Leben sei, sind schlichtweg Unsinn. *Sobald Sie Ihre Ideen aufgeben, beginnen Sie, das Leben mittels Erfahrung zu erforschen. Neugier ist das Herz und die Seele jeglichen Lernens. Dank ihrer fühlen wir uns sogar wohl damit, nichts zu wissen, unser Sinn für das Wunder, den wir als Kinder besaßen, kehrt wieder zurück.*
Alles, was ist, beinhaltet auch sein Gegenteil. Immer, wenn Sie sich für eine Seite entscheiden wollen, zeigt Ihnen die Realität, dass Sie falsch liegen. Es bedarf einer besonderen Art von Intelligenz, diese ständigen Ungültigkeitserklärungen hinnehmen zu können.
Wahre Neugier ist negativ und positiv, oberflächlich und wesentlich zugleich. Weil Neugier zwei Seiten hat, die sich nicht miteinander versöhnen lassen, ist sie die Grunderfahrung, die das Paradox in unser Denken hi-

neinbringt. Neugier spielt eine zweischneidige Rolle: Einerseits weckt sie unseren Forscherdrang, doch andererseits beschwört sie Angst und Ärger herauf, sobald wir dem Unbekannten entgegentreten. *Neugierig zu sein bedeutet, weit über das hinauszugehen, was allgemein akzeptiert wird, und ist deshalb das Tor zu einem Denken in einer neuen Tiefendimension.*

Das lateinische Wort *curiositas*, aus dem sich das englische *curiosity* und das französische *curiosité* ableiten, enthält den Gedanken der Sehnsucht nach Wissen, das deutsche Wort Neugier drückt ein starkes Verlangen nach etwas Neuem aus. Dennoch lässt sich Neugier nicht so einfach definieren.

Wenn Sie keine einfachen Antworten auf die Rätsel des Lebens parat haben – seien Sie herzlich willkommen in der Welt der Neugier. Wahrscheinlich haben Sie, wie die meisten Menschen, sehr lange Zeit in Ihrem Kopf gelebt. Sobald Sie etwas entdecken, das machtvoll genug ist, Ihre tiefste Neugier zu wecken, betreten Sie den leeren Raum. Der leere Raum ist Leere, dort ist nichts. Leere ist aber nicht das Gegenteil von etwas, denn das würde einfach etwas anderes sein. Die Leere ist absolutes Nichts. Es gibt keine Möglichkeit für Ihren Geist, dies zu verstehen. Sie müssen Ihr Modell im Kopf aufgeben. Es gibt keine einfache Neugier, es ist vielmehr das Gefühl, völlig verloren zu sein.

Wenn Sie Surfen lernen wollen, werden Sie mit der Schwierigkeit konfrontiert, dass es nichts gibt, was Sie auf dem Ozean stabilisiert. Könnten Sie sich an etwas festhalten, wäre es einfach, wieder aufzustehen, nachdem Sie hingefallen sind. Mit der Neugier verhält es sich ganz ähnlich: Es gibt einfach nichts, woran Sie sich orientieren könnten. Neugier fühlt sich an wie das Gegenteil von Klarheit, doch in Wahrheit gehört sie einer anderen Dimension an. Neugier ist weder klar noch

unklar, keine Definition reicht aus. Und die Erfahrung von Neugier ist einfach, aber sehr fragil. Sie können leichter neugierig werden, als zu verstehen, was Neugier ist. *Neugier ist wertvoll, sie raubt Ihnen Ihre unbewussten Bilder und Definitionen von Leben und zwingt Sie, das wirkliche Leben anzuschauen.* Neugier ist Sehnsucht ohne Anhaftung und das Gegenteil des Status quo, sie treibt an und rüttelt auf. *Und Neugier ist vor allem eines: der Leitstern für inneres Wachstum.*
Wenn Sie zu jenen unerschrockenen Seelen gehören, die Risiken auf sich nehmen, um daran zu wachsen, wird Ihnen dieses Stadium des Lebens die größten Herausforderungen bieten.
Jede Wachstumsstufe hat eine Parallele in Ihrem Reifungsprozess. Mit 30 waren Sie deprimiert und es fühlte sich schrecklich an. Ihre Reise durch Ihre Gefühlswelten auf dem Grund der Höhle bis hin zum Licht vollzog sich langsam und schmerzhaft. Bei den wenigen Menschen, die wirklich wachsen, dauert es gewöhnlich zehn Jahre oder mehr, um den Körper von Angst und Schmerz zu reinigen.
Ängstlichkeit war bisher das Schlimmste für Sie. Sie tritt genau dann auf, wenn Ihre Neugier Sie einen Schritt zu weit getragen hat. Jetzt betreten Sie das Reich von Angst und Ärger und fühlen mit allen Sinnen Ihren Kampf des Erwachens. Zwischen Ihrem Handeln und seinen Auswirkungen gibt es nun keine Verzögerung mehr. Wenn Sie etwas Dummes anstellen, leiden Sie, und alles, was Sie tun, erscheint Ihnen dumm zu sein.
Neugier bedeutet, aus Fehlern zu lernen. Ski fahren können Sie nur lernen, indem Sie stürzen. In diesem gegenwärtigen Stadium des Lebens fallen Sie ständig hin. Jeder Mensch, der je neue Wege bahnte, fiel dabei immer wieder hin. Immer wenn Sie Ihren Kokon verlassen, um einen neuen Standard zu setzen, müssen Sie erst diesen

kritischen Krisenpunkt meistern, bis Sie im Reich der Aktivitäten und des Handelns sicher auftreten können.

Der große Sturm: die entscheidende Krise vor einem Leben Ihrer Träume

Es kommt ein Punkt im Leben, an dem Sie Ihre Neugier für den Rest Ihres Lebens wiederherstellen können. Dies ist der Krisenmoment, der außergewöhnliche Menschen vom Rest trennt. Einige wenige Menschen werden oft schon zu einem relativ frühen Zeitpunkt ihres Lebens durch eine große Tragödie oder ein Ereignis von der Schwere eines Erdbebens zu diesem Engpass geführt. Die meisten von uns erhalten ihre Chance erst viel später im Leben. Die Mehrzahl der Menschen erreicht im Alter von vierzig Jahren eine Lebenskrise, ihr Höhepunkt liegt im allgemeinen bei 42 Jahren. Diese Lebensphase wird oft als Midlifecrisis bezeichnet. Bis dahin mögen Sie zwar schon durch viele kleinere Krisen gegangen sein, doch jetzt kommt Ihnen Ihr ganzes Leben wie ein nicht enden wollender Notfall vor. Diejenigen, die zu den tieferen Bedeutungen des Lebens erwachen, erreichen das Leben ihrer Träume mit fünfzig Jahren.

Wenn Sie ein sich selbst verwirklichender Mensch sind, haben Sie die Schinderei, Ihr emotionales Gepäck zu klären, hinter sich gebracht. Jetzt erreichen Sie schließlich den Punkt, an dem Sie gezwungen werden, die Grundlage Ihres Seins in aktives Handeln zu verwandeln. Der Grund dafür ist eine Krise, die Sie wie ein mächtiger Sturm trifft, der Ihnen alle bequemen Lebensmodelle wegfegt. Dieser Sturm ist notwendig. Er ist Ihr ganz persönlicher Sturm. *Ihre innere Revolution bringt den Verlust von allem, was Sie bislang kannten, mit sich, und Ihr bisheriges Selbstbild löst sich in Luft auf. Jeder*

Mensch wird im Laufe seines Lebens mit diesem Sturm konfrontiert, doch die meisten kehren furchtsam um und klammern sich weiterhin an die schalen Annehmlichkeiten eines gewöhnlichen Lebens. Nur eine winzige Fraktion lässt es zu, auf die Felsen der Realität geschmettert zu werden.

Diese Krise ist eine Krise des Alterns, es kommt der Augenblick, in dem wir erkennen, dass wir nicht unsterblich sind. Falten zeichnen sich auf unserem Gesicht ab, und unser einst so starkes Verlangen schrumpft zu einer vernachlässigbaren Größe. Plötzlich erscheinen uns die Verbindungen, die wir zu anderen Menschen haben, als wirklich wichtig. Wir brauchen die Wärme unserer Familien, unserer Freunde und unserer Teams – eine Wärme, die nur echte Verbindungen uns schenken können.

Die traumatische Erfahrung von Angst lässt die meisten Menschen nach einem bequemen Schlupfwinkel suchen. Deshalb wünschen sie sich einen sicheren Job, ein gemütliches Zuhause und einen guten Wein, der sie ihre Sorgen vergessen lässt. Sie sorgen sich um ihre Kinder, um ihre Rechnungen, um ihre Gesundheit, der Mut, den sie einst in ihrer Jugend hatten, ist verschwunden. Der Tod lauert in der Ferne des weiten Horizonts. Ironischerweise ist genau dieser Punkt im Leben der große Wendepunkt, der Augenblick, in dem Sie an der Grenze zu einer wunderbaren Wendung stehen.

Jeder kennt die Dunkelheit vor dem Morgengrauen. *Sie stehen jetzt endlich vor dem Tor zur Freude und zur Verwirklichung Ihrer Träume, befinden sich im Zentrum des Zyklons, dem kritischen Punkt, der die Welt im Kopf von der wirklichen Welt trennt. Das Schlimmste haben Sie bereits überstanden. Lassen Sie sich von Ihrem Sicherheitsbedürfnis und Ihrem Wunsch nach Kontrolle nicht beirren. Blicken Sie Ihrer Angst direkt ins Auge, leben Sie Ihren Traum!*

Die Konfrontation mit den beiden Wächterfiguren Angst und Wut

Wir kennen sie aus Märchen und Mythen, die Furcht erregenden Dämonen und Drachen, die für den jeweiligen Helden zur großen Bewährungsprobe auf seiner Lebensreise werden. Und wir kennen sie als Wächterfiguren vor Tempeln und Heiligtümern, die Nichteingeweihte und Ungläubige fern halten sollen. Sie wirken ebenso abschreckend wie gefährlich, der Kampf mit ihnen kann tödlich enden. Doch wer ihn nicht wagt, der gewinnt nichts, im Gegenteil, er wird sogar alles verlieren, weil er zurückgestoßen wird in ein gewöhnliches Leben und das Ziel ebenso wenig erreicht wie ein Pferd, das vor einem schwierigen Hindernis scheut. Umgekehrt ist der Lohn im Falle eines Sieges schier unermesslich, denn anschließend erfüllt sich der große Lebenstraum des Helden: Der Ritter erhält seine oft über Jahre angebetete Dame zur Frau, weil er sich im Kampf ihrer würdig erwiesen hat, der Schüler hat sich die Erleuchtung erwirkt, weil er sich in jahrzehntelangen Exerzitien den Prüfungen seines Meisters unterzogen hat.

Die Tatsache, dass Sie im gegenwärtigen Augenblick Ihres Daseins zwei machtvollen Wächterfiguren gegenüberstehen, ist ein wunderbares Ergebnis Ihres bisherigen Lebens und zugleich eine Belohnung. Sie haben sich bis jetzt allen Herausforderungen gestellt und sie mit Bravour bestanden. Deshalb fragten Sie sich mit Recht, ob Sie nicht noch zu sehr viel mehr fähig wären. Diese Frage hat Sie an diesen Ort geführt. Vergessen Sie das nicht, wenn Sie den beiden Wächterfiguren gegenüberstehen. Bedenken Sie stattdessen stets: *Sie begegnen der größten Herausforderung Ihres Lebens, stehen an der Schwelle zur Verwirklichung Ihrer Träume und müssen jetzt nur an den beiden Wächterfiguren vorbei. Diese for-*

dern den letzten Beweis, dass es Ihnen Ernst ist, dass Sie bereit sind für die Verwirklichung Ihrer Träume.
Sie nähern sich jetzt den beiden Zwillingsdämonen Angst und Wut, die am Rand Ihres Pfades sitzen und darauf warten, dass Sie ihnen in die Falle gehen. Der Dämon der Angst versucht Sie mit allen Mitteln zur Flucht zu bewegen. Der Dämon der Wut dagegen will Sie zum Angriff reizen. Doch wenn Sie fliehen oder angreifen, erhalten Sie keinen Zutritt zum Reich der Erfahrung und der Wirklichkeit.
Die meisten Menschen kehren an diesem Punkt um. Denn es ist leichter, in eine zweidimensionale Welt im Kopf zurückzukehren, als das Risiko auf sich zu nehmen, mit der Angst in einer dreidimensionalen, sinnlichen Welt konfrontiert zu werden. Doch wenn Sie ein selbstbestimmtes Leben führen und Ihre Träume verwirklichen wollen, müssen Sie Angst und Wut ins Auge blicken können und dort weitermachen, wo andere aufhören würden. Wie Sie sich jetzt verhalten, entscheidet darüber, ob Sie ein Leben nach Ihren eigenen Vorstellungen und Träumen leben werden. Sie befinden sich im Zentrum des Zyklons. Entweder werden Sie in die Höhle zurückgestoßen oder Sie werden hinausgeschleudert in eine todesmutige Aktion.
Um die Prüfung durch die beiden Wächterfiguren zu bestehen, brauchen Sie einen zwingenden Grund für die Verwandlung, nach der Sie streben. Sie müssen den Status quo mehr fürchten als das Unbekannte. Dieser kritische Punkt ist der Scheideweg menschlicher Erfahrung, ein psychologisches Niemandsland voller bizarrer, neuer Bedeutungen.

Wächterfigur I: Angst
Wenn Sie sich ins Unbekannte hineinwagen, wächst Ihre Angst, was wiederum Ihren Forscherdrang stutzt. Doch

die Angst, die Sie jetzt empfinden, ist nur in Ihrem Kopf. Menschen, die diese Barriere durchqueren, fühlen sich schrecklich, die meisten von ihnen sagen, dass sie sich niemals schlimmer gefühlt haben. Doch dabei sehen sie phantastisch aus, ihre Augen strahlen vor Begeisterung. Balance und Harmonie sind unser Naturzustand. Doch ein Teil der Balance gerät manchmal aus dem Gleichgewicht. In Zeiten, in denen wir weit von unserem Gleichgewicht entfernt sind, erfahren wir Wachstum. Es ist nicht leicht, durch das Auge des Sturms hindurchzugehen. Sie wissen, was Sie bisher im Reich der Höhle durchgemacht haben, und Sie wissen ebenfalls, dass das, was jetzt auf Sie zukommt, genauso turbulent wird. Wenn Sie Ihre natürliche Lebendigkeit wiedererlangt haben, kommen die Angst und der Schmerz Ihrer Jahre des Leidens wieder hoch. Die Angst fühlt sich an wie echter Terror, als würden Sie beim Joggen plötzlich vor einem Berglöwen stehen. Sie scheinen vor Angst zu explodieren. Dies ist die Reaktion auf eine Situation, in der wir entweder kämpfen oder fliehen wollen. Wenn Sie Ihre Angst erfahren, wird sie sich auflösen. Wenn Sie dagegen Ihre Angst vermeiden wollen, wird sie sich an Sie heften und weiter wachsen.

Angst ist roh, Sie blicken unbeschreiblichem Schrecken ins Auge. Doch wenn Sie sich der Erfahrung Ihrer Angst nicht stellen, gräbt sie sich wie ein Wurm den Weg in Ihren Körper. Schmerzhafte Furcht schlummert so lange in Ihnen, bis die richtige Herausforderung sie in Bewegung bringt. *Sie haben sich Ihren Lebensstil geschaffen, um Angst zu vermeiden. Ihr Leben ist so zu einem Kompromiss mit Ihrer Furchtsamkeit geworden. Doch jetzt zwingt Sie Ihre Neugier, eine Welt zu erforschen, die Sie nicht vorherbestimmen können.* Wenn Sie dafür mit Vergnügen belohnt werden, beginnen Sie Ihrer Neugier zu trauen.

Die Erfahrung von seelischem Schmerz ist unangenehm,

doch wenn Sie sich mit ihm nicht im Augenblick seines Entstehens auseinander setzen, wird er sich ausbreiten, nach innen wachsen und Sie später wieder in die Welt der Höhle zurückwerfen, aus der Sie sich gerade erst herausgearbeitet haben.

Im gegenwärtigen Augenblick können Sie Ihr Leben steuern, indem Sie sich in Ihre Angst hineintreiben. Neugier wird zu Ihrem Orientierungspunkt auf dem Kompass. Ohne einen Kompass würden Sie Ihre Angst in Schuld verwandeln und dann wieder alle Stufen im Reich der Höhle bis hinunter auf den tiefen Grund der Depression durchlaufen. Die Stadien des Leidens sind Ihnen vertraut, und alles Vertraute erscheint sicher, deshalb ist es verlockend, umzukehren. Wenn Sie zügig voranschreiten und mitten hinein in Ihre Angst gehen, werden Sie glaubwürdig und sind nicht mehr zu stoppen. Wenn es Ihnen gelingt, die Angst zu besiegen, haben Sie den Rang jener wenigen Menschen erreicht, die der Welt ihren Stempel aufprägen.

Wächterfigur II: Wut

Wut ist die zweite Wächterfigur vor einem Leben Ihrer Träume. *Ärger scheint das Gegenteil von Angst zu sein, in Wahrheit jedoch sind Angst und Wut zwei Seiten einer Medaille. Zusammen ergeben sie das Paradox, das Sie unbeweglich gemacht hat.*

Im Unterschied zu den Menschen der Frühzeit begegnen wir heutzutage seltener der Bedrohung durch wilde Tiere als vielmehr dem Konflikt ausgerechnet mit jenen Menschen, die wir am meisten lieben. *Tatsächlich haben wir die größte Wut auf die Menschen, die uns am meisten bedeuten. Doch solche Gefühle loszulassen kann in eine Katastrophe münden. Wenn Sie Ihre Wut geliebten Menschen entgegenschleudern, kann Sie das die wichtigsten Verbindungen Ihres Lebens kosten.* Dabei ist Wut an sich nichts Schlechtes. Sie brauchen diese Rage und diesen Zorn, um aus Ihrer Welt im Kopf herauszukommen. Nichts kann Ihnen besser den Antrieb dazu geben, Ihre selbst auferlegten Begrenzungen endlich aufzubrechen. Das Leben bietet uns eine Reihe von Hindernissen – woher nehmen wir den Mut, uns ihnen zu stellen? Wut ist die innere Waffe, die wir entwickelt haben, es mit Gegnern aufnehmen zu können, die größer sind als wir selbst.

Angst und Wut sind Gefühle einer höheren Ordnung. Sie sind die Brücke zwischen unserer tierischen und unserer menschlichen Natur. Beide Gefühle enthalten ein Element des Hasses und ein Element der Liebe. Wir können sie für das Gute und für das Böse nutzbar machen. Wir sollten sie dazu nutzen, miteinander statt gegeneinander zu arbeiten.

Lassen Sie sich von den Zwillingsdämonen Angst und Wut nicht abschrecken. Gehen Sie ganz ruhig Ihren Pfad zwischen diesen beiden Wächterfiguren hindurch. Lassen Sie sich vom Dämon der Angst nicht zur Flucht und vom Dämon der Wut nicht zum Angriff reizen. Wenn Sie die beiden Wächterfiguren passiert haben und zurückblicken, werden Sie mit Erstaunen feststellen, dass sie ihren Schrecken verloren haben, ja mehr noch, dass Sie in Wahrheit auf zwei harmlose Pappkameraden hereingefallen sind, die nur fürchterlich abschreckende Masken trugen. Von ihrer Rückseite betrachtet, gleichen die beiden Wächterfiguren Bühnenrequisiten aus Pappmaché. Sie haben sich vor Ihnen aufgerichtet wie potemkinsche Dörfer, waren nur Fassade. *Es gehört zu den Paradoxa des Lebens, dass die Dämonen, von denen wir uns ganz real bedroht fühlen, zu harmlos-irrealen Gespinsten unserer Welt im Kopf werden, wenn wir es wagen, uns ihnen durch ganz reales Handeln furchtlos zu stellen. Der Lohn dafür ist immer eine Befreiung, die uns immer grö-*

ßere und weitere Räume der Wahrnehmung aufschließt und unser Leben unermesslich bereichert.

In Freiheit

Nun, da Ihnen die Besiegung der Wächterfiguren gelungen ist, haben Sie nicht nur Ihr bisheriges Sein in der Höhle überwunden, sondern sich zugleich so weit ins Unbekannte vorgearbeitet, wie es nur sehr wenige Menschen im Lauf ihres Lebens wagen. Vor Ihnen liegt das blendende Licht namenloser Freiheit.
Freiheit war und ist eines der höchsten Ziele der Menschheit. Doch der Umgang mit diesem Gut gehört zu den schwierigsten Herausforderungen des Lebens. Die meisten Menschen, die davon träumten, ihrer Welt der Sorgen zu entrinnen, um sich selbst zu verwirklichen und ihre Träume zu leben, werden von der überwältigenden Größe und Grenzenlosigkeit der Freiheit zunächst eher gelähmt als beflügelt. *Ein Mensch, der sich unverhofft zum ersten Mal in seinem Leben der Freiheit gegenübersieht, bedarf daher in der Regel des Beistands, um dieses hohe Gut nicht zu verwirken. Drei magische Helfer geleiten Sie sicher durch die erste Zeit Ihres Erwachens in der Freiheit und des Unbekannten.*

Die drei magischen Helfer: Selbsterkenntnis, Mission und Transformation

Selbsterkenntnis
Stellen Sie sich folgende Szene vor: In der größeren Welt, die Sie nun gerade nach der Befreiung aus der Höhle betreten, gelangen Sie wie auf einer mythischen Reise zuerst an einen See. Seine Wogen sind geglättet,

die Wasseroberfläche liegt vor Ihnen ausgebreitet wie ein silbriger Spiegel. Sie können nicht anders, es reizt Sie zu sehr, hineinzublicken, um Ihr Spiegelbild zu sehen. Und jetzt geschieht das Seltsame: Ihnen schaut ein Bild entgegen, das Ihnen fremd erscheint, Sie erkennen, und dabei durchzuckt Sie ein jäher, heißer Schrecken, dass Sie ganz und gar nicht Sie selbst sind. Denn jetzt sind Sie zum ersten Mal mit dem Bild konfrontiert, wie andere Sie sehen. Ihr bisheriger Blick auf sich selbst war einseitig. Es ist, als hätten Sie Ihre zweite Hälfte, die bisher hinter einem blinden Fleck gut verborgen war, (wieder-)gefunden. Jetzt entdeckt der mutigste Mensch in seinem Spiegelbild den größten Feigling aller Zeiten. Und ein mitfühlender, zart besaiteter Zeitgenosse sieht plötzlich den harten, verurteilenden Tyrannen. Ein Schwächling findet ein Bild der Stärke und der Macht. Mit anderen Worten: Sie erkennen, dass Sie eine Doppelnatur haben, dass Sie nicht gut *oder* böse, nicht schwach *oder* stark, nicht klug *oder* dumm, sondern *sowohl* gut *als auch* böse, *sowohl* schwach *als auch* stark, *sowohl* klug *als auch* dumm sind. *Sie erkennen, dass Sie eine Doppelnatur haben. Um Ihre Reise weiter fortsetzen zu können, müssen Sie sich voll und ganz akzeptieren.*

Mission

Im neuen Reich der Freiheit und des Unbekannten angelangt, können Sie sich nicht einfach kraft Ihrer Willensanstrengung weiterbewegen. *Sie müssen eine Mission haben, die Sie zwingt, viel, viel mehr zu werden, als Sie jemals glaubten zu sein. Ihr Einsatz für Ihre Mission muss stärker sein als Ihre Angst vor dem Tod.* Sie brauchen ein Spiel, das Sie dazu zwingt, in Ihre verborgenen Talente hineinzuspringen. Verzweiflung lässt Sie in die tiefsten Tiefen Ihres Innersten eintauchen, um dort einen

Mut zu finden, von dem Sie nicht einmal wussten, dass Sie ihn haben.

Anders ausgedrückt: Um in der wirklichen Welt des Handelns klarzukommen und das Leben Ihrer Träume verwirklichen zu können, brauchen Sie ein Projekt. Und um dies einzuüben, sollten Sie sich zunächst Ihre ganz ureigene »Mission Impossible« schaffen, eine Aktion, bei der Sie etwas wagen müssen, was das krasse Gegenteil von dem ist, was Sie bisher taten. So müsste eine schüchterne Person beispielsweise in einer Bühnenshow auftreten, ein kraftvoller, selbstbewusst-stolzer Charakter auf bescheidenste Art dienen, indem er etwa häusliche Reinigungsarbeiten verrichtet. Um sich direkt mit Ihrer unnennbaren Furcht zu konfrontieren, sollten Sie sich eine Herausforderung schaffen, die Ihre verborgenen Talente wach kitzelt. Menschen wachsen an Herausforderungen, die ihnen Spielsituationen bieten. Das richtige Spiel zwingt Sie dazu, sich zu strecken, und es wird Sie verwandeln. Und sich – geschützt durch ein Spiel – dem zu stellen, was Sie noch nie getan haben, schult Sie im Umgang mit dem Unbekannten. Sie lernen die Einübung in das Sowohl-als-Auch, statt sich wie früher mit dem Entweder-Oder zu begnügen, und haben so die Chance, ganz neue Seiten von sich ans Tageslicht zu bringen, die vielleicht nach jahrelanger Unterdrückung Ihr wahres Wesen und Ihre wahren Talente enthüllen. *Denn häufig werden wir gezwungen, unser Ureigenstes so gut zu verbergen, dass wir sein Versteck vergessen und es erst dann wieder aufspüren und den vergessenen Schatz heben können, wenn wir in eine Richtung geschickt werden, in die wir ohne Not nie gegangen wären, eben weil wir das Unbekannte so sehr fürchten.*

Transformation

Transformation ist machtvolle, ständige Veränderung. Das hässliche Entlein wird zum wunderschönen Schwan, Sie werden zu Ihrem wahren Selbst. Eine Krise taucht auf, die Umstände drohen Sie zu überwältigen, und plötzlich entdecken Sie Ihre ganz eigene Natur. Sie entspannen sich, es gibt keine Erwartungen mehr, Sie müssen nichts mehr beweisen. Manche Menschen lachen, wenn sie diese tiefe Erfahrung machen, andere wiederum weinen vor Erleichterung. Sie sind ganz einfach Sie, und das ist schon alles. Das Gewicht der ganzen Welt weicht von Ihren Schultern. Es ist ein einzigartiger Augenblick des Erwachens, den Menschen in Grenzsituationen erleben, in Augenblicken, in denen sie nichts mehr kontrollieren können und ihr Leben aus den Angeln gehoben wird. Dann werden Menschen überaus lebendig.

Transformation ist kein einmaliges Ereignis. Um stetige Wandlung aufrechtzuerhalten, müssen Sie die Herausforderung ständig noch ein Stück anheben. Dazu sollten Sie mehrere Projekte entwerfen und wenn Sie sich gerade ein neues Leben aufbauen, sich erneut der Herausforderung einer »Mission Impossible« stellen. Beweisen Sie den Mut, Ihr Leben wieder und wieder zu verändern, sobald es beginnt, feste Formen anzunehmen.

TEIL III

DAS WIEDERGEWONNENE PARADIES

Das neu erwachte Bewusstsein

Die dreidimensionale Wahrnehmung

Nachdem es Ihnen dank Ihrer Neugier gelungen ist, die Zwillingsdämonen Angst und Wut zu besiegen, erhalten Sie jetzt Zutritt zur dreidimensionalen Welt direkter Wahrnehmung. Jetzt tauschen Sie das zweidimensionale Bild in Ihrem Kopf gegen eine Wahrnehmung der Tiefe und Lebendigkeit ein. Die wirkliche, physische Welt gerät direkt in Ihren Brennpunkt. Erst wenn sich die Bilder, die Sie in Ihrem Kopf mit sich herumgeschleppt haben, auflösen, beginnen Sie, etwas in seiner vollen Tiefe wahrzunehmen. Endlich sehen Sie durch das zweidimensionale Bild hindurch, das Ihr bisheriges Leben bestimmt hat.
Neugier bringt stets eine Art von Tod mit sich: Das Ego stirbt, jegliche Selbstgerechtigkeit wird zerstört. Sobald wir den Filter unserer Erinnerungen ablegen, durch den wir die Welt sehen und der uns argumentieren lässt wie Marionetten in einem melodramatischen Puppentheater, fühlen wir uns sehr erleichtert. Je schneller wir unsere geistigen Interpretationen sterben lassen können, desto leichter wird der Übergang in die Welt des Handelns und desto offener wird unser Zugang zu Dimensionen erweiterter Wahrnehmung.

Die vierte Dimension

Große Künstler sehen eine andere Realität als Menschen, die nur auf die Probleme physischen Überlebens fixiert sind. Van Gogh setzte verschiedene Nuancen einer Farbe in einzelnen Pinselstrichen nebeneinander, um sie so zu einem mehrstimmigen Gesamtklang zu verbinden, der erst den Gesamtwert der jeweiligen Farbe ergab. Dadurch erhielten seine Bilder ein magisches Flirren, mit dem van Gogh das intensive Glühen des Lichts einfing. Künstler sehen, dass es in der Natur keine Linien gibt, nur Kontraste von Hell und Dunkel. Nur unser Denken, unsere Welt im Kopf, legt ein Netz aus Linien über die Natur. Doch dieses mentale Netz ist zerbrechlich.

In Zuständen erweiterter Wahrnehmung nehmen Sie eine Welt aus vibrierenden Farben wahr, die Sie ebenso stark fühlen wie sehen können. Wenn Sie lernen, Ihre geistige Uhr anzuhalten und sich voll und ganz in Ihrer jeweiligen Aufgabe und Umgebung zu verlieren, lösen Sie sich auf. Dann beginnen Sie zu ahnen, dass Sie nur ein winziges Teilchen in einem riesigen Teilchengestöber eines Feldes sind. Ihre Haut stellt nicht mehr länger eine Grenze zur Außenwelt dar.

In der vierdimensionalen Wahrnehmung verschwinden Sie als einfacher Beobachter, sie werden zum Beobachter und dem Beobachteten zugleich. Plötzlich erkennen Sie, dass Sie nicht der sind, der Sie zu sein glaubten. Sie existieren nicht mehr. Außerdem ist da niemand in Ihrem Körper und niemand denkt Ihre Gedanken. Die Maschine läuft einfach automatisch weiter, ohne dass sie von jemandem kontrolliert wird.

Und doch ist jemand da. In einem Blitz jäher Selbsterkenntnis stellen Sie fest, dass eine höhere Intelligenz Ihren Platz einnimmt – eine Intelligenz, die weder räumlich gebunden ist, noch spezifisch Sie ausmacht. Sie fühlen tiefes Annehmen und Angenommensein. Dann dämmert Ihnen plötzlich, dass Ihr bisheriges Leben eine Täuschung war: Ihre Persönlichkeit und die Rollen, die Sie spielten, sind nur Verkleidung. Die höhere Intelligenz, die Sie soeben entdeckt haben, das sind ganz einfach Sie! Und dies ist es, was Sie immer schon waren.

Der Aufbruch ins Unbekannte

Eine Reise ins Vergnügen

Herzlichen Glückwunsch! Sie sind Ihrer Welt im Kopf entkommen. Willkommen in der Welt des Handelns! In diesem Reich hören Sie endlich auf damit, Kommentare oder Kritiken abzugeben und das Leben von den billigen Plätzen aus zu beobachten. Sie sind nicht mehr länger der Zuschauer, der sich nach echtem Handeln sehnt. Jetzt stehen Sie als Spieler auf dem Spielfeld und leben selbst das Abenteuer.

Herzlich willkommen in der wirklichen Welt! Nach Jahren in der Höhle, der Welt in Ihrem Kopf, wartet jetzt der unendliche Reichtum der Realität auf Sie. *Während Sie früher der Mittelpunkt Ihrer im wahrsten Sinne des Wortes »egozentrischen« Welt waren, in der andere Menschen mehr oder weniger nur Statisten blieben, werden Sie jetzt lernen, wirkliche Beziehungen mit Ihren Mitmenschen einzugehen.* Die nun folgenden Kapitel beziehen sich deshalb nicht mehr nur auf Ihre individuelle Erfahrung, sie sind vielmehr Beschreibungen von den einzigartigen Verbindungen, die Sie mit anderen Menschen eingehen werden.

Sie stehen soeben an der Schwelle zu den geheimnisvollen sieben Stufen des Unbekannten. Diese nächsten sieben Stufen der menschlichen Erfahrung zählen deshalb zum Reich des Unbekannten, weil Sie dort jeweils aufs Engste verbunden sein werden mit einem oder mehreren Menschen, deren Verhaltensweisen Sie nicht im Geringsten vorhersehen können.

Überraschung ist die Essenz der Neugier und die Würze des Lebens. Mit anderen Menschen wahrhaft verbunden zu sein gibt uns die Möglichkeit, uns gegenseitig ständig Freude zu bereiten. Glücklichsein entsteht durch Partnerschaft oder Teamarbeit. *Und jetzt, da Sie ins Reich des Vergnügens und der Freude aufbrechen, werden Sie genauso viel erhalten, wie Sie geben. Denn Sie sind gerade im Begriff, Ihre ichbezogene Gier aufzugeben und in eine Welt des gegenseitigen Austauschs einzutreten.*

Die Landkarte für das wiedergewonnene Paradies

Betrachten Sie zu Ihrer Orientierung noch einmal die Landkarte in dem Kapitel »Wie Sie geboren wurden und wohin Ihr Weg Sie führte« in Teil I des Buches.
In Teil II des Buches durchwanderten Sie die Höhle, auf der Landkarte dargestellt durch das graue Quadrat, das Ihre Welt im Kopf symbolisierte. Nachdem Sie die sieben Stufen durchschritten und sich aus der Höhle befreit haben, mussten Sie noch die Prüfung durch die beiden Zwillingsdämonen Angst und Wut bestehen.
Im dritten Teil des Buches haben Sie Ihr Paradies wiedergewonnen. Sie treten ein in das Reich des Handelns, das auf der Landkarte durch ein Dreieck in der oberen Hälfte der Figur von Leonardo da Vinci dargestellt ist. Jetzt lernen Sie die sieben Stufen des Unbekannten kennen und beschreiten den Pfad zur Verwirklichung des Lebens Ihrer Träume.
Die sieben Stufen des Unbekannten sind Vertrauen, Leidenschaft, Begeisterung, Glücksgefühle, Enthusiasmus, Inspiration und innerer Frieden. Und sie alle führen Sie zu einem einzigartigen Leben der Selbstverwirklichung, in dem Sie Ihren Traum leben und mit anderen Menschen teilen werden, die durch Sie unendlich bereichert werden.

Die sieben Stufen des Unbekannten – der Pfad zu einem Leben Ihrer Träume

Vertrauen – die Eintrittskarte in eine schöne neue Welt

Vertrauen ist zunächst einmal eine Erweiterung von Neugier. Jede der folgenden sieben Stufen repräsentiert das Wachstum Ihrer Neugier. Diese Neugier ist jedoch nicht mehr die Neugier Ihrer Kindheit – diese ist schon lange gestorben. Jetzt entwickeln Sie eine völlig neue Form der Wahrnehmung. Sie sind auf dem richtigen Pfad. Mit der Zeit wird sich Ihre Neugier durch die aufsteigenden Stufen der Leidenschaft, der Begeisterung, der Glücksgefühle, des Enthusiasmus, der Inspiration und des inneren Friedens weiterentwickeln, bis sie Ihnen schließlich die goldene Pforte zur Glückseligkeit kreativer Besessenheit öffnen wird. Doch lassen Sie sich Zeit, Wachstum hat seine ganz eigenen Gesetze und seine eigene Geschwindigkeit, das heißt, Sie können nichts erzwingen. Ihre Wurzeln verbleiben dabei weiterhin im Schmerz. Die Erinnerung an Ihre schweren Jahre wird stark und schön. *Ihre Vergangenheit fängt an, einen tiefen Sinn zu ergeben. Jetzt können Sie endlich erkennen, warum Sie durch all dies hindurchgehen mussten. Es ist, als habe eine höhere Intelligenz genau die richtigen Prüfungen für Sie geschaffen, um Ihren Geist und Ihre Seele zu stählen.*
Lassen Sie Ihre Erinnerungen altern wie guten Wein, doch behalten Sie dabei den Blick auf Ihre Zukunft. Die Vergangenheit ist nicht mehr, was sie war. Blicken Sie gelegentlich in den Rückspiegel, um zu sehen, wo Sie

einst standen, während Sie fortfahren, in Ihre neue Zukunft voller Überraschungen zu eilen. Die größte Schwierigkeit für Sie liegt augenblicklich darin, zu akzeptieren, dass Sie Ihr Leid und Ihre Schmerzen hinter sich gelassen haben, denn das dramatische Rollenfach macht irgendwie süchtig. Doch jetzt haben Sie nur zwei Wahlmöglichkeiten: im kleinen oder im großen Stil zu gewinnen.
Jede der sieben Stufen wird Ihnen ein neues Paradox präsentieren, das Sie lösen müssen. Wenn Sie die Lösung gefunden haben, steigen Sie zu der nächsthöheren Frequenz von Freude auf. Jede neue Stufe der Neugier bietet Ihnen eine Herausforderung. Indem Sie die Puzzlestücke Ihrer Erfahrungen auf eine neue Art und Weise zusammensetzen, erweitert sich Ihre Wahrnehmung und Ihre Reife nimmt zu.
Das Paradox auf der Ebene des Vertrauens besteht darin, dass Sie herausfinden müssen, wie Sie jedem Menschen vertrauen können, indem Sie keinem trauen. Wenn Sie erst einmal erkannt haben, dass jeder scheitern kann, werden Sie Maßnahmen ergreifen, um Menschen vor ihren Fehlschlägen zu beschützen. Jeder Mensch, der jemals lebte, war mal vertrauenswürdig und mal eben nicht. Es gibt keine Heiligen. Wenn Sie nun ein Klima schaffen, in dem jeder jeden überwacht, wird keiner es wagen, zu betrügen, dann ist es leicht, jedem zu trauen. Als ich jung war, war ich ein Meister des Skeptizismus und hätte leicht jedem erklären können, weshalb keine einzige seiner guten Ideen jemals funktionieren würde. Durch meine Mentoren lernte ich, zu einem Gläubigen zu werden. Wenn Sie mir heute etwas erzählen, werde ich *es* glauben und ich werde *an Sie* glauben. Wenn *Sie* es sagen, werde ich es glauben – gleichgültig wie unglaublich es für andere Menschen erscheinen mag: Glaube ist ein wunderbarer erster Schritt hin zu Respekt.

Seltsamerweise drücken sich Menschen genauer aus, wenn man an sie glaubt. An andere zu glauben eröffnet Dialoge, lässt Menschen aus sich herausgehen. Man glaubt an andere Menschen, weil man an sich selbst glaubt und weiß, wer die anderen Menschen sind, denn ihre Humanität scheint durch ihre Persönlichkeit hindurch.
Sich selbst zu vertrauen ist die erste Stufe zur Freiheit.
Sie haben einen hohen Preis bezahlt, um bis hierher zu gelangen. Sie mussten alle Anhaftungen aufgeben. Jetzt fühlen Sie sich lebendig und voller Mut. Der erste wirkliche Schritt heraus aus der Angst geschah in jenem Augenblick, als es Ihnen gelang, Ihre grundlegende reaktive Furcht zu bezähmen. Sie sind die Angst deswegen nicht losgeworden. Sie haben sich vielmehr an sie gewöhnt und sie wurde zu Ihrem Freund. Und Sie lernten, welche Ängste Sie zu vermeiden haben und mit welchen Sie sich konfrontieren müssen.
Jeder, der diese Stufe erreicht hat und ein Leben des Vertrauens führt, hat eine Sache ganz klar erkannt: Dass das, was einen Menschen am meisten zum Strahlen bringt, gleichzeitig das ist, wovor er sich am meisten fürchtet. Sie hatten den Mut, diese Herausforderung anzunehmen. Sie haben herausgefunden, dass Sie Erleichterung finden, indem Sie genau das tun, wonach Sie sich am meisten sehnen. Sie sind ein sehr begabter Mensch. Ihr wirkliches Wesen ins Spiel zu bringen bedarf des Handelns. Es ist nicht einfach, herauszufinden, was Sie durchstarten lässt. Auch wenn Sie sich jetzt auf der Skala menschlicher Erfahrungen schon sehr weit im oberen Bereich bewegen, werden Sie wahrscheinlich jemanden brauchen, der Ihnen hilft, all Ihre Talente zu entdecken.
Und Sie werden neue Mitstreiter brauchen. Es ist nicht leicht, Menschen zu finden, die an Sie glauben. Sie brau-

chen Freunde, die Ihnen ein genaues Feedback geben und die Sie nicht mehr zu Ihrem kleinen Selbst zurückkehren lassen. *Hinter Ihrer größten Angst verbirgt sich Ihr größtes Talent.* Wenn Sie sich erst einmal mutig auf Ihr eigenes Spiel eingelassen haben, lernen Sie einen neuen Teil Ihres Selbst kennen, der Sie aus Ihren althergebrachten Mustern von Anspannung, Stress und Plackerei erlöst. Bis hierher zu gelangen war schwierig genug, jetzt ist es nicht leicht, entspannt zu bleiben. Sich auf diesem Niveau überhaupt halten zu können ist die wirkliche Herausforderung des gegenwärtigen Augenblicks.

Geborgen im Leben: ein völlig neues Körpergefühl erfahren

Wenn ein Mensch Vertrauen gewonnen hat, stellen sich ganz besondere körperliche Charakteristika ein, die man sehen kann. In meinen Seminaren und Kursen halte ich sie mit der Videokamera fest, um den Betroffenen ein Feedback zu geben: Die Augen erhalten einen beständigen Glanz von Vitalität, das Gesicht wird weicher, der Gesichtsausdruck verströmt Vertrauenswürdigkeit, der Teint wirkt frischer, Falten gehen zurück und verschwinden häufig ganz. Eine tiefe Lebendigkeit durchströmt den Körper, was die Haltung sichtbar verbessert und die Atmung vertieft – und dies ganz ohne Anstrengung oder bewusste Absicht.

Im Orient wird diese Erfahrung als die Eröffnung der Kundalini-Energie beschrieben: Energie, die sich am unteren Ende der Wirbelsäule angesammelt hat, wird plötzlich auf einen Schlag freigesetzt. Dies fühlt sich an wie ein Sturm aus Energie, der durch den Körper fegt. Die Gedanken, die diesen physischen Sturm begleiten,

drehen sich um eine einzige Kernaussage: »Alles ist in Ordnung.« Sogar Ihre Probleme sind es, Leben, Tod, Katastrophen, Armut und Verlust – all diese Grundtatsachen und -erfahrungen erscheinen nun als ganz normale Aspekte des Lebens.
Wenn Sie Ihre Angst auf intelligente Art und Weise herausfordern, wird der Instinkt-Anteil Ihres Gehirns lebendig. Dann fühlen Sie sich zum ersten Mal, seit Sie einst als Baby in den Armen Ihrer Mutter lagen, in einem tiefen inneren Frieden geborgen. Sie vertrauen dem Leben selbst, die Bedrohung verschwindet, besiegt von einem sanften Aufkeimen eines Gefühls von Sicherheit. *Vertrauen ist der Anfang des Lebens, das zu leben Ihnen bestimmt ist. Jetzt können Sie sich zutrauen, dass Sie genau die Dinge tun werden, die Sie sich selbst versprochen haben.* Sobald Sie zu Vertrauen gefunden haben, entspannen sich Ihre Füße, Ihre Beine und Ihr Po. Wärme und ein tiefes Gefühl der Erleichterung durchströmen die untere Hälfte Ihres Körpers. Sie müssen nicht mehr länger geheime Ängste hinter aufgesetztem Mut verbergen. Jetzt erkennen Sie plötzlich, wie sehr alles stimmt, wie sehr alles einer geheimen Ordnung folgt. Der bislang unterschwellig stets spürbare Griff von Todesangst lockert sich. Sie fühlen sich wie auf einem Sprungbrett kurz vor dem Absprung, Ihr Körper ist durchflutet von machtvollen, wohltuenden Gefühlen.

Den Reichtum wahren Verbundenseins mit anderen Menschen erleben

Sie haben keine Angst mehr vor anderen Menschen. Sie wollen ihnen in die Augen sehen. Gleichgültig, was sie sagen oder tun, es kann Sie nicht verletzen. Einige Menschen mögen Sie, andere nicht. Was kümmert es Sie, was andere denken? *Weil Sie ganz und gar Sie selbst sind, sobald Sie ins Vertrauen gehen, werden Sie stark. Nichts kann Sie umwerfen.* Wenn Sie selbst vertrauenswürdig werden und sich mit vertrauenswürdigen Menschen umgeben, wird das Vertrauen zu einem ganz natürlichen Bestandteil Ihres Lebens. Dabei sind Sie keineswegs perfekt. Jedes menschliche Wesen kann sich irren, jeder von uns kann korrumpiert werden, keiner von uns ist über Kleinlichkeit oder Versagen erhaben. Doch jetzt kann man darauf vertrauen, dass Sie die Probleme, die Sie geschaffen haben, selbst bereinigen werden. Die Ergebnisse, die Sie erzielen, sind es, was zählt. Mit der Zeit lernen Sie auch, Ihren Vorhaben zu trauen. Dies befähigt Sie dazu, immer schwierigere Projekte anzugehen. Wenn Sie wissen, wozu Sie fähig sind, lernen Sie auch, angesichts von Rückschlägen durchzuhalten. Wenn es schwierig wird, geben Sie einfach weiterhin Ihr Bestes. Zeigen Sie Aufrichtigkeit und Zuverlässigkeit!

Wenn Sie die Stufe des Vertrauens erklommen haben, können Sie zum ersten Mal echte Verbindungen knüpfen. Sie wirken anziehend auf andere Menschen, die an dem, was Sie machen, teilhaben wollen. All Ihre Grundbedürfnisse sind erfüllt, Sie verdienen genug Geld, haben Nahrung und einen Schutzraum. Jetzt suchen Sie nach einem tieferen Sinn des Lebens, indem Sie anderen Menschen vertrauen. Und zum ersten Mal in Ihrem Leben kann man wirklich auf Sie zählen. Zuverlässigkeit ist eine seltene und wunderbare Gabe, die jene Menschen besitzen, die der Angst ins Gesicht blicken und erfolgreich handeln können.

Sobald Sie der dunklen Welt eines Lebens der Gewohnheit entkommen sind und beginnen, genau das tun, was Sie schon immer wollten und lieben, wird der ganze Schmerz aus Ihrem Leben verschwinden. *Vertrauen ist die Grund-*

lage für alle großen Leistungen und Errungenschaften. Großes entsteht auf der Grundlage des Vertrauens, das Sie in einer Welt der Angst schaffen.

Leidenschaft – im Reich der Sinne und der Sinnlichkeit

Auf dieser Stufe wird Ihr Leben zum Vergnügen. Als Sie das letzte Mal so viel Freude und Spaß erlebten, waren Sie noch nicht einmal ein Teenager. Ihre spielerische Seite lebt wieder auf. Sie müssen nicht mehr besonders attraktiv oder brillant sein oder alles zusammen, sie wollen vielmehr wie ein sorgloses Kind einfach nur spielen, und Ihre Energie ist grenzenlos.

Während Ihrer Zeit in der Höhle, im düsteren Schattenreich, lag Ihre ganze Aufmerksamkeit auf Ihrer eigenen Person. Ihr Körper, Ihre Verfassung und Ihre Stimmung waren das Wichtigste in Ihrem Leben, jeder Tag wurde bestimmt von Ihren Gefühlen. Jetzt ist Ihre Aufmerksamkeit auf andere Menschen gerichtet. Das zurückgewonnene Spielerische nimmt Ihnen den Stress, Lebens- und Todesangst liegen weit hinter Ihnen.

Sie sind im Reich der Sinne angekommen: Das Essen schmeckt Ihnen besser, und wenn Sie Musik hören, wollen Sie unwillkürlich tanzen. Sobald das Überleben gesichert ist, werden Menschen zu Geschöpfen der Freude und des Vergnügens. Um auf dieser Stufe bleiben zu können, müssen Sie Ihre Lebensfreude mit dem kombinieren, womit Sie Ihre Brötchen verdienen. Sie können es nur weit bringen, wenn das, was Sie tun, zugleich Ihre tiefste Leidenschaft ist. Alle Menschen haben eine Gabe, die ihre besten Eigenschaften und Fähigkeiten zum Blühen bringt. Diese Gabe macht Ihr Tun zum Kinderspiel und bringt anderen Menschen endloses Vergnügen. Ihrer

Berufung zu folgen ist besser als alles, wovon Sie je zu träumen wagten. Ganz spielerisch beginnen Sie zu handeln, leben nicht mehr länger nur eine Fantasie im Kopf.

Im Fluss mit dem großen Strom: Sexualität und Begehren

Auf dieser Stufe wird Ihr Begehren lebendig, und zwar in Form einer wunderbar unschuldigen Neugier. *Die Energie des Menschen ist in einem umfassenden Sinne des Wortes sexuell, und Sexualität ist die Quelle und der Ursprung allen Lebens, wir sind am Leben aufgrund unserer Sexualität.* All unsere sozialen Konventionen folgen sexuellen Prinzipien, und in fast jeder zwischenmenschlichen Begegnung schwingen feine sexuelle Obertöne mit.

Durch Sex erfahren wir große Freude, guter Sex ist wesentlich für ein erfülltes Leben. Ein Orgasmus erreicht jeden Muskel, jede Faser und jedes einzelne Organ und schafft tiefste Entspannung. Unser ganzer Körper erlebt aufregende Wellen angenehmer kleiner Schocks durch unerwartete Berührungen. Unsere Sexualität gemahnt uns an unsere animalischen Ursprünge und bringt uns mit der Natur in Einklang. Es gilt keinerlei Standards zu erreichen, seien Sie einfach spielerisch!

Auf dieser Stufe leben Sie in Einklang mit Ihrer Sexualität und in Harmonie mit dem anderen Geschlecht. Sie sind frei von Begierde, Fantasien und Perversionen Ihrer Libido sind überwunden, zwischen Ihnen und Ihrem Partner strömt ein wunderbar reiner, kristalliner Energiefluss. Sie stehen nicht mehr länger in Konkurrenz zu Ihrem eigenen Geschlecht, stattdessen genießen Sie die aufregende Maskulinität der Männer und die faszinierende Weiblichkeit der Frauen. Auf einer feinstofflichen Ebene durchdringt sexuelle Energie jede einzelne zwischenmenschliche Begegnung. Wenn diese Lebenskraft unschuldig und konstruktiv fließen darf, wirkt sie elektrisierend, charismatisch und hoch energetisch auf die an diesem subtilen Spiel Beteiligten.

Die meisten Menschen jedoch können ihre Sexualität nicht ausdrücken. Wenn Ihre Libido durch Ihre Erziehung verletzt wurde, brauchen Sie Humor, der wirkt heilend auf eine gestörte Sexualität. Sie sollten oft aus tiefstem Herzen lachen. Der Sinn Ihres Lebens ist Erholung und Entspannung. Natürlich gibt es noch einen viel tieferen Sinn des Lebens. Doch bis dahin werden Sie nie vordringen, wenn Sie alles ernst nehmen. *Vergnügen ist ein wesentlicher Meilenstein auf dem Pfad der Selbstverwirklichung.*

Das Leben hat auch seine tragischen Elemente, aber die liegen jetzt hinter Ihnen. Ihr Leben ist zu einer göttlichen Komödie geworden. Sie fühlen die wunderbare Leichtigkeit des Seins und erfreuen sich an den Dingen, die das Leben zu bieten hat. Humor ist die meistgesuchte Eigenschaft innerhalb einer Beziehung. Spaß zu haben ist sexy. Wenn Ihr Körper sexuell erwacht ist, sind Sie attraktiv und Sie können die Schönheit in anderen sehen. Ihre falschen Vorstellungen beginnen sich zu wandeln, Sie erkennen, dass es den idealen Partner nicht gibt.

In der zweidimensionalen Welt des Denkens ist Sexualität eine Frage der Bilder. Models in den Medien haben Vormacht über wirklich existierende Menschen. Aussehen und Status zählen. Aburteilungen und Gedankengewäsch schmälern sinnliche Verbindungen, Sex wird zu einem Meinungsaustausch. Nur durch Fantasien wird ein Orgasmus möglich. Wenn Ihre sexuelle Orientierung auf den Kopf zentriert ist, können Sie keine völlige körperliche Erleichterung erfahren.

In der dreidimensionalen Welt des Handelns konzentrieren Sie sich auf Bewegung. Tanz, Berührung und körperliche Spiele setzen Ihren kritischen Verstand außer Kraft. Neugier wird wichtiger als Technik, Sie konzentrieren sich auf Ihr gegenwärtiges Körpergefühl, Vergleiche und Kritik spielen keine Rolle mehr, Sexualität wird zum Abenteuer.
Leidenschaft ist der Tanz zwischen der männlichen und der weiblichen Kraft. Dazu bedarf es der Vermählung von Naturwissenschaft und Philosophie, von Physik und Metaphysik. Wer Freude und Vergnügen sucht, muss in der Lage sein, die Gegensätze zu vereinen. Neugier ist eine Brücke zwischen der sichtbaren und der unsichtbaren Welt.
Es gibt eine direkte Verbindung zwischen Ihren sexuellen Erfahrungen und einem erweiterten Bewusstsein. *Sex ist oft der Pfad zu einer Grenzerfahrung und katapultiert Sie in die vierte Dimension.* Beim Sex können Sie die Relativitätstheorie *erleben*: Die Zeit endet, Körper lösen sich in Lichtmuster auf, Sie transzendieren Ihre persönliche Identität, niemand führt, beide werden ohne ihre Willenskraft bewegt, es gibt keinen Anfang und kein Ende.

Die heilende Kraft: Berührung

In der westlichen Kultur ist Berührung ein Tabu. Dennoch ist das Erleben von Freude und Vergnügen untrennbar mit Berührung verbunden. Unsere Berührungsangst trennt und entfremdet uns von einander. Diese Absonderung geschieht bereits sehr früh in unserem Leben. Medizinische Studien haben bewiesen, dass die Überlebensrate von Frühgeborenen ansteigt und dass alle Babys schneller wachsen, wenn sie berührt werden.

Dennoch wird in Krankenhäusern nach wie vor die Trennung der Neugeborenen von ihren Müttern praktiziert, was sie um die wesentliche Verbindung der ersten prägenden Stunden ihres Lebens bringt. Menschliche Wesen gedeihen durch warme, persönliche Zuwendung. Der Tastsinn ist der persönlichste unserer fünf Sinne. Menschen schaffen sich Schutzzonen, weil eine Berührung sehr intim sein kann. *Jemanden zu berühren geht über alle Grenzen hinaus und kann sowohl Intimität wie auch Abstoßung erzeugen. Deshalb gehen wir mit Berührungen sparsam und vorsichtig um.*

Sie können Ihre Neugier kultivieren, indem Sie sich hundertprozentig für die Ansichten eines anderen Menschen interessieren. Am besten funktioniert das mit einem Freund. Beenden Sie Ihre Isolation, indem Sie sich entscheiden, seinen Ansichten über Politik, Religion, Liebe, Kindererziehung oder alle möglichen anderen Themen zuzuhören, die im Gespräch entstehen. Zeigen Sie ihm nicht, wenn Sie anderer Meinung sind, und versuchen Sie nicht, Ihren Freund zu korrigieren. Dadurch lernen Sie, dass Sie sich Intimität und Vertrautheit als zwei Zweige desselben Baumes vorstellen können. Die Perspektive Ihres Freundes ist die andere Seite Ihrer eigenen Sichtweise. Beide Sichtweisen können schlicht und einfach deshalb nicht übereinstimmen, weil jeder Mensch jeweils eine andere Seite der Dinge sieht. Die Kombination aus beiden Sichtweisen macht es Ihnen möglich, die Realität genauer und richtiger wahrzunehmen.

Als ich jung war, arbeitete ich beispielsweise ganz bewusst an meiner Fähigkeit, die weibliche Sichtweise der Dinge zu ergründen. Gleichzeitig studierte ich Massage- und Bewegungstechniken. Von Moshé Feldenkrais, einem Pionier auf diesem Gebiet, wollte ich so viel wie nur irgend möglich lernen, wie man einen Körper mit den Händen »hören« kann. Ich entdeckte, wie stark Gehirn und Körper zusammenarbeiten, und vertiefte meine Fähigkeit, Menschen zu heilen und den zwischenmenschlichen Umgang zu harmonisieren. Und ich lernte, mit meinen Händen Intimität zu erzeugen. Als ich die Frau meiner Träume traf, wusste ich, wie ich ihren Schmerz durch Berührung lindern konnte. *Ich empfehle es jedem Menschen zu lernen, dem Körper eines anderen durch eine warme, freundliche Berührung Gutes tun zu können.* Respektieren Sie dabei die Grenzen des anderen, doch überschreiten Sie diese gleichzeitig auch ein wenig. Berühren Sie jemanden mit Ihrem wahrhaften Interesse für ihn, schenken Sie ihm Ihre volle Aufmerksamkeit, damit er sich besser fühlt.

Schmerz und Freude hängen aufs Engste miteinander zusammen. In einem gewissen Sinn ist Freude die Abwesenheit von Schmerz. Freude ist eine mildere Version der Impulse, die Schmerz erzeugen. Beim Kitzeln beispielsweise mischen sich Freude und Schmerz. Sie können sich nicht selbst kitzeln. Wir können uns zwar willentlich selbst verletzen, aber die größte Freude an einer Berührung erfahren wir durch die kunstfertigen Hände eines Menschen, der uns gut tun will. Das bedeutet: *Die größte Freude wird uns durch andere Menschen zuteil.* Sie können sich zwar selbst bis zu einem gewissen Grad Gutes tun, aber die schönsten und freudvollsten Momente des Lebens erleben wir durch den Kontakt mit anderen. Wenn ein anderer Mensch sich darauf konzentriert, Ihnen Freude zu schenken, werden Sie tief bewegt. *Freude basiert auf gegenseitigem Austausch.* Ihr Leben wird stark bereichert, wenn jemand Ihnen Freude bereitet und Sie es zurückgeben. *Wenn Sie anderen Gutes tun, wird es zu Ihnen zurückkehren.*

Ein Bedürfnis macht Schule: die Vergnügungsindustrie

Wenn Sie das, was Ihnen Freude und Vergnügen bereitet, in eine Karriere und einen Lebensstil einfließen lassen, wirken Sie geradezu magnetisch auf Ihre Freunde und unwiderstehlich auf Ihre Kunden. Attraktiv sein und Anziehungskraft ausstrahlen sind die wichtigsten psychologischen Prinzipien für die neue Dienstleistungsindustrie. Viel zu lange haben die Menschen ihre Produkte auf der Basis von Verlustangst oder Mangel entwickelt. Jetzt geht es darum, Dienstleistungen anzubieten, die auf angenehmen Erlebnissen aufbauen. Und diese Augenblicke des Vergnügens und der Freude entstehen aus einem vertraut-intimen zwischenmenschlichen Zusammenspiel.

Völlig neue Berufsbilder entstehen, um das Bedürfnis nach Freude und Vergnügen zu befriedigen: Ob Spas, Erlebnisparks, Gourmetrestaurants oder die Kombination aus Schlemmen und Kulturgenuss – dies sind nur einige Beispiele neuer Branchen, die als Antwort auf unsere Vergnügungslust entstanden. All diese Produkte und Dienstleistungen müssen Vergnügen anbieten. Dies gilt auch für die Menschen, die dort arbeiten, sonst funktioniert es nicht. Es gibt noch immer eine riesengroße Lücke auf dem Markt für Dienstleistungen, die Menschen wirklich erreichen.

Begeisterung – die Kunst des Selbstausdrucks und die Folgen

Auf dieser Bühne Ihres Lebens sind Vergnügen und Freude zu wahrer Begeisterung aufgeblüht. Vitalität durchströmt Sie, ausgehend vom Ende Ihrer Wirbelsäule fließt sie durch Ihren Bauch und in Ihr Sonnengeflecht. Die dritte Stufe im Reich des Handelns bietet Ihnen ein aufregendes Theaterstück, in dem Sie all die Abenteuer leben werden, von denen Sie bislang nur geträumt hatten. Ihre Freundschaften mit anderen aktiven Menschen entwickeln sich zu einer neuen Stufe des Vergnügens. Sie sind so erfüllt, dass Sie es nach einem langen Tag kaum erwarten können, am nächsten Morgen wieder aufstehen zu dürfen.

Die Erfahrung wahrer Zugehörigkeit

Wenn Sie genau das ausdrücken, was Sie sind, tauchen plötzlich Menschen auf, die hervorragend zu Ihnen passen und die Ihre Visionen um ihre eigenen bereichern und ergänzen. Wenn Sie dagegen jemanden spielen, der Sie überhaupt nicht sind, versuchen Sie es damit Menschen recht zu machen, denen Sie in Wahrheit nichts bedeuten. *Indem Sie wirklich ganz und gar Sie selbst sind, stoßen Sie Menschen zurück, die nur Ihre Maske mögen.* Wenn Sie eine Frau sind, mit der man als Mann Pferde stehlen könnte, tun Sie nicht so, als wären Sie eine kapriziöse Diva. Wenn Sie sehr sensibel sind, geben Sie nicht vor, hart im Nehmen zu sein. Und wenn Sie einen exquisiten Geschmack haben, geben Sie sich nicht mit weniger als dem Besten zufrieden.

Es gibt auf der ganzen Welt niemanden, der wie Sie ist. Ihre Bedürfnisse sind etwas ganz Besonderes, Sie selbst dagegen sind es nicht. Denn jeder andere Mensch ist schlicht und ergreifend genauso wunderbar, wie Sie es sind! Vergleiche führen zu nichts, sie setzen lediglich ein falsches Denken von Über- und Unterlegenheit voraus. Dies sind völlig oberflächliche Unterscheidungen, die von unklarem Denken herrühren. Wenn Sie den Wert anderer Menschen erkennen, erhalten Sie damit zugleich Ihren eigenen unschätzbaren Wert. Sie sind einzigartig. Was immer Sie sind, ist heilig. Wenn Sie es zulassen, dass man Sie kennen lernt als den, der Sie sind, ziehen Sie Menschen an, die Ihre wirkliche Natur lieben. Solche Weggefährten erfüllen Ihr Leben mit der zutiefst anrührenden Erfahrung von wahrer Zugehörigkeit.

Wenn Sie nicht Ihre falsche Persönlichkeit auflösen, mit der Sie sich der Welt zeigen, werden Sie Ihre wahre Individualität niemals entdecken. Die Masse der Menschen lebt wie Schafe in einer einschläfernden Herdenmentalität. Sie fühlen sich damit zwar in Sicherheit, doch dabei sind sie blind gegenüber den Risiken, die uneigenständiges Denken mit sich bringt. Der Löwe geht seinen eigenen Weg. Er bietet anderen keinerlei Entschuldigung für seine unabhängige Lebensweise an. Es gibt nicht den geringsten Grund, dass Sie jemanden spielen, der Sie überhaupt nicht sind.

Jeder Mensch muss für sich selbst herausfinden, wofür er sich begeistert. Gemeinsam ist allen Abenteuern der Selbstfindung jedoch das Zugehörigkeitsgefühl zu Menschen, die unsere Begeisterung mit uns teilen, die Gleichgesinnte sind. Wer Großes erreichen will, bedarf dazu eines Teams, das aus Seelen besteht, die dasselbe wollen. *Teamwork ist die aufregendste Erfahrung, die wir als menschliche Lebewesen machen können. Echtes Teamwork ist nur zwischen Menschen möglich, die bereit sind, den vollen Einsatz zu bringen.*

Freundschaften, die auf Kompetenz beruhen, schaffen Begeisterung. Intensive Arbeit und Spiel machen noch mehr Freude, wenn Sie Teil eines Teams sind, das auf einem hohen Niveau zusammenspielt. Es fühlt sich großartig an, zu einem Team von Gewinnern zu gehören – wie eine Familie oder zumindest so, wie sich eine Familie anfühlen sollte.

Teams sind machtvoll: Eine Gruppe von Menschen bewegt sich in dieselbe Richtung. Daher sind Teams wie kleine Armeen, durchaus mit einem Element von positiver Aggression. Teamwork schafft enorme Kraft. Die Menschen der Frühzeit entwickelten diese Kraft der Zusammenarbeit, indem sie sich zu Jägern zusammenrotteten, die gemeinsam töteten, damit ihr Stamm zu essen hatte. Heute fließt derselbe Impuls in jede Form von Wettbewerb ein.

Schmetterlinge im Bauch oder: die Verschwisterung von Begeisterung und Furcht

Das Bedürfnis nach Zugehörigkeit ist ein sehr kraftvoller Impuls, den Sie auf der körperlichen Ebene im Bauchraum spüren können. Es fühlt sich an wie Schmetterlinge im Bauch. Wenn Sie dieses Körpergefühl als Begeisterung interpretieren, erhalten Sie einen gewaltigen Energiestoß. Interpretieren Sie es dagegen als Furcht, werden Sie sich wie erstarrt fühlen, so als hätte Ihnen jemand eine Lähmungsspritze verpasst.

Während eines Abenteuertrainings auf Hawaii ließ ich die Teilnehmer über dem Pazifischen Ozean mit Fallschirmen aus dem Flugzeug springen. Teamwork gab den Leuten den Mut, weit über ihre normalen Grenzen hinauszugehen. »Furcht oder Begeisterung?«, brüllten die Ausbilder vor jedem einzelnen Sprung. Wer die Schmetterlinge im Bauch vor dem Absprung als Begeisterung interpretierte, erlebte ein unglaubliches Gefühl totaler Losgelöstheit, wurde von einer einzigartigen Welle aus Erregung hinweggetragen und von einer großen Kraft und unglaublichen Stärke überflutet, die vom Solarplexus ausgingen und sich in alle Muskeln, Fasern und Organe ausbreiteten. *Wer es zulässt, dass sein gan-*

zer Körper von Begeisterung erfüllt ist, wird zutiefst bewegt. Wer sich dagegen für die Furcht entscheidet, erlebt nur totale Verkrampfung. Am Beispiel des Fallschirmsprungs: Die Ängstlichen waren erst dann gelöst, als sie wieder sicheren Boden unter ihren Füßen fühlten. Das Erlebnis des Fliegens und des Gleitens schien ihnen völlig entgangen zu sein. Wer mitgegangen war und sich tragen ließ, hatte eine kostbare Erfahrung gemacht. Wer sich aber in Widerstand begab, erlebte lediglich, wie er sich selbst ein gutes Gefühl vergiftete und sich um ein bereicherndes Erlebnis brachte.

Das Ende der Kontrolle und der Ritt auf der Woge des Wandels

Es handelt sich dabei auch um ein Problem der Kontrolle. Kontrolle ist stets schmerzhaft. Menschen, die alles kontrollieren müssen, sind ständig nervös und leben in innerem Aufruhr. Doch das Leben geschieht einfach, ein Ereignis geht in das nächste über. *Wenn Sie auf der Woge des immer während en Wandels surfen, genießen Sie den Schauer der Erregung und die Herausforderung. Versuchen Sie dagegen, die Welle zu kontrollieren, leiden Sie.* Das ist auch der Grund, weshalb sich Menschen in emotionale Kälte zurückziehen. Sie geben ihre Verbindungen untereinander auf und ersinnen Vermeidungsstrategien, um anderen Menschen nur ja nicht wirklich begegnen zu müssen. Es ist schließlich ein Risiko, Verbindungen mit anderen einzugehen. Sie könnten Ihnen die Zeit stehlen und Sie in ihre Welt mit hineinziehen. Doch Sie können lernen, ja oder nein zu sagen. Sie können böswillige Übergriffe abwehren und sich wohltuenden Verbindungen öffnen. Der Lohn für Verbindungen kann wunderbar sein.

Zur Ortung des bisher zurückgelegten Weges – eine Zwischenbilanz

All die Eigenschaften, die Sie auf dieser Stufe zeigen, entwickelten sich aus Konzepten, die sich als weniger tragfähig erwiesen haben. Jedes Einzelne Ihrer Konzepte wird sich zu immer komplexeren Fähigkeiten entwickeln, während Sie in immer neue Stufen des Lebens emporwachsen. Doch vergessen Sie nicht: Bereits jetzt gehören Sie einer kleinen Elite an. Auf dieser Stufe haben Sie es mit dem Gipfel der Logik zu tun. Ihre Denkfähigkeiten haben sich inzwischen ausgezeichnet verfeinert. Während andere immer noch grübeln, haben Sie inzwischen damit begonnen, Handlungsstrategien zu entwerfen, die tatsächlich funktionieren. Weisheit und Intuition sind zwar noch immer einige Stufen entfernt, doch Sie erfreuen sich inzwischen einer sehr präzisen und klaren Wahrnehmung, die Ihnen zu großen Erfolgen verhilft. Und trotz all Ihrer bisherigen Errungenschaften bleibt Ihr Ego im Gleichgewicht, ohne sich aufblähen zu müssen.

Denken Sie bitte weiterhin daran, dass jede einzelne Stufe im Reich des Handelns eine neue Stufe der Neugier ist. Vertrauen (die erste Stufe) ist *geerdete* Neugier. Leidenschaft (Stufe zwei) ist *geteilte* Neugier. Begeisterung (Stufe drei) ist Neugier, die sich durch *ein ganzes Team* ausbreitet.

Begeisterung entsteht aus unerwarteten Ereignissen. Doch es ist schwer, unerwartete Wohltaten zu schaffen, wenn falsche Erwartungen Enttäuschungen geradezu vorzuprogrammieren scheinen. Unerwartete Ereignisse haben nämlich nur selten Märchencharakter mit Happyend-Verheißung.

Dem Wunsch nach Einfachheit und Unterhaltung folgt die Sehnsucht des Menschen nach einem aufregenden Erlebnis, das möglichst das ganze Leben verändern soll.

Wir alle suchen nach Bedeutung. Sind die Stufen von Vertrauen und Vergnügen erst einmal erfüllt, wollen wir begeisternde Abenteuer erleben, in denen wir Hauptdarsteller sind. Wir alle dürsten nach unvergesslichen Erlebnissen. Inzwischen haben sich aus diesem Bedürfnis diverse prosperierende Industriezweige entwickelt. Menschen wollen heute mehr von ihrem Leben. Sie sind nicht mehr damit zufrieden, Zuschauer zu sein, sie wollen mehr und mehr zu den Hauptdarstellern gehören.

Betrachten Sie jetzt das Konto der Stärken, die Sie bislang für sich angesammelt haben:

■ *Begeisterungsfähigkeit*
Für einen klugen Menschen ist es sehr schwer, sich von jemandem oder etwas begeistern zu lassen. Ein Mensch, der jeden Zaubertrick durchschaut, kann sich nicht entspannen und einfach die Show genießen. Begeisterung in ganz schlichten und einfachen Dingen zu finden ist eine hohe Kunstfertigkeit.

■ *Den eigenen Weg gefunden haben*
Auf der jetzigen Stufe erfreuen Sie sich natürlicher Autorität. Sie haben sich Ihren eigenen Weg ausgesucht. Dies garantiert Ihnen Abenteuer auf Lebenszeit. Soweit Gesetz und Moral es erlauben, legen Sie Ihre eigenen Regeln fest. Falsche Moralisten bringen Sie in keiner Schublade unter. Der Himmel lockt Sie nicht, noch schreckt Sie die Hölle. Sie besitzen Ihre eigene Verbindung zu einer höheren Macht. Priester und Politiker sind wunderbare Menschen. Sie respektieren sie, aber Sie fürchten sie nicht. Sie kennen die Regeln in einem umfassenderen Sinne und verpflichten sich Ihrer eigenen Integrität. In der Persönlichkeit, die Sie für die Welt darstellen, mögen Sie dehnbar und geschmeidig sein, doch Ihr Charakter ist über jeden Zweifel erhaben.

- *Durchhaltevermögen*
Sie haben erkannt, was Sie anstreben. Ihr Ziel steht ganz klar vor Ihnen. Unbeirrt gehen Sie Ihren Weg, ohne jemals aufzugeben. Erfolg ist Ihnen garantiert, wenn Sie weitermachen, bis Sie Ihr Ziel erreicht haben. Ihr Durchhaltevermögen sorgt dafür, dass Sie Projekte zu Ende führen können.

- *In Ihnen steckt ein Regenmacher!*
Auf dieser Stufe des Lebens werden Sie viele Regenmacher treffen – jene raren Individuen, denen es gelingt, aus allem, ja selbst aus nichts, irgendetwas zu machen und Ergebnisse zu erzielen, egal welche auch immer. Ob es um die Leitung einer Mission, um die Beschaffung von Nahrung oder um die Schaffung eines geistigen Zieles geht – bei allem, was geschehen soll, kann man auf sie zählen.

Glücksgefühle – reine Herzenssache

Auf der vierten Stufe in der Welt des Handelns angekommen, sind Sie inzwischen gut etabliert im Reich der Sinne. Jetzt aktivieren Sie das mächtigste Gefühlszentrum Ihres Körpers – Ihr Herz. Sie befinden sich auf jener Bühne des Lebens, die auf Liebe und Zuneigung basiert, den beiden Grundbausteinen des Glücklichseins.
Sie können sich Ihren Weg zum Glück nicht mit dem Verstand suchen. Die elektromagnetische Energie, die vom Herzen ausgestrahlt wird, ist um vieles mächtiger als jene des Gehirns. Ihre Brust ist das Zentrum starker Gefühle, die ein wesentlicher Teil Ihrer Intelligenz sind. Die wirklich bedeutenden Entscheidungen in Ihrem Leben treffen Sie mit dem Herzen und nicht mit dem Kopf.

Entscheidungen zu treffen und zwischen verschiedenen Möglichkeiten zu wählen verleiht dem Leben Intensität. Die meisten Menschen warten auf Umstände, die sie gnädig führen mögen. Doch wenn Sie Glücksgefühle so richtig aus vollem Herzen erleben wollen, müssen Sie lernen, Ihrem Herzen die Priorität über Ihren Kopf einzuräumen. Tun Sie einfach, was Ihr Herz glücklich und ruhig macht.
Glücksgefühle hängen sehr stark mit Liebe und Zuneigung zusammen. Je mehr Liebe Sie geben, desto lebendiger fühlen Sie sich.

Liebe ist der Naturzustand des Menschen

Ein offenes Herz ruht auf einem Fundament aus Mut. Auf dieser Wachstumsstufe angelangt, hat Ihnen Ihr Mut bereits dazu verholfen, mit Leidenschaft zu leben. Sie müssen Ihre Liebe nicht mehr zurückhalten, um Menschen, die glücklich sind, dafür zu bestrafen. Andere fühlen sich angezogen von Ihrer Freundlichkeit. Dabei fühlen Sie sich nicht unbedingt freundlich, Sie sind nur frei von Traurigkeit oder Bedauern und wollen anderen Menschen helfen.
Liebe ist Ihr Naturzustand. So waren Sie als kleines Kind. Wenn Sie innerlich zur Ruhe kommen, offenbart sich das Schöne und Gute des Lebens. Indem Sie sich vom Lärm und Gezänk des Lebens zurückziehen, können Sie in sich selbst hineinhören. Dann können Sie die leise Stimme vernehmen, die aus Ihrem Herzen spricht. Wenn Sie lieben, hören Sie sich selbst.
Sie sind immer Sie selbst. Doch man verliert leicht seine Verbindung zu seiner wahren Natur, wenn die Menschen von einem fordern, dass man eine Rolle in ihrem Film spielt. Doch sobald Sie die schrille Sorge in Ihrem Kopf

besänftigen und das Geschwätz Ihrer Freunde ausschalten, beginnt Ihr Herz wieder weich zu werden.
Der falsche Intellekt ist ständig bestrebt, sich rücksichtslos über die zarte Stimme des Herzens hinwegzusetzen und uns ein angenehmes, leichtes Leben zu untergraben. Falsches Denken macht uns glauben, dass wir noch ein wenig länger kämpfen müssen. Aber wenn Sie gewinnen, verliert dabei jeder. Denn die Schlacht fordert ihren Tribut von Ihrem Herzen.
Auf einer subatomaren Ebene sind wir alle nichts als elektromagnetisches Licht. Wenn Ihr Herz geöffnet ist, fühlen Sie Licht. Wenn wir die uns umgebende Welt als Materie begreifen, zählt jedes einzelne Ereignis. Schließlich erdrückt uns die Summe der Ereignisse und nimmt uns das Leben. Wenn wir die Welt dagegen als Licht begreifen, beginnen wir zu strahlen. Dann ziehen wir Liebe und Zuneigung an. *Das Herz ist ein Magnet für Wärme und Mitgefühl. Doch er funktioniert nur, wenn Sie weich und empfänglich sind. Ein hartes Herz wehrt die Zuneigung ab, die Sie so sehr brauchen.*

Wie Sie den Magnetismus des Herzens wiederherstellen können und für immer ein offenes Herz behalten

Wenn Sie auf einen Magneten mit einem Hammer einschlagen, verliert er seinen Magnetismus. Ein Herz, das emotional verletzt wurde, verliert seine Anziehungskraft. Menschen, die sich einst liebten, fühlen sich plötzlich voneinander entfremdet und entfernt. Nur ein äußeres Ereignis kann den Magnetismus wiederherstellen. Manchmal kann ein schockierender Verlust der Weckruf sein, dass Sie Ihren emotionalen Schutt beseitigen müssen. Doch es gibt leichtere Wege, Ihre Liebe wiederherzustellen.

Sie können einen Magneten wieder aufladen, indem Sie ihn in die Nähe eines stärkeren Magneten legen. Dasselbe Prinzip wirkt auch zwischen Menschen. Konzentrieren Sie sich ganz auf die Verbindungen zu den Menschen, die Sie lieben und brauchen. Akzeptieren Sie deren Schwächen genauso wie ihre liebenswerten Eigenschaften. Das Herz antwortet auf Geschichten. Indem Sie anderen Menschen immer und immer wieder von Ihrem Groll erzählen, schneiden Sie sich nur von der Verbindung mit Ihnen ab, die Sie so sehr brauchen. Konzentrieren Sie sich stattdessen auf Geschichten, die Ihre Wertschätzung anderer Menschen erfrischt und erneuert. Wenn Sie Ihre Aufmerksamkeit auf Menschen richten, die Sie akzeptieren, werden die Hemmnisse schließlich verschwinden.

Es ist leicht, andere Menschen für die Dinge im Leben verantwortlich zu machen, die wir nicht akzeptieren wollen. Gewohnheitsmäßiges Denken umwölkt das Herz. Verbindung zu den Menschen aufrechtzuerhalten, die Sie lieben, ist harte Arbeit. Die Liebe selbst ist leicht und natürlich. Der schwierige Teil besteht darin, all die Kränkungen und Verletzungen zu verdauen. Im Laufe der Jahre staut sich der Groll auf. Es ist hilfreich, etwas zu haben, was das Glücksgefühl wiederherstellt. Einer der besten Wege, ein offenes Herz zu behalten, besteht darin, das zu tun, was Sie lieben. Indem Sie das Spiel Ihres Lebens lieben, entwickeln Sie die Kraft, all die Ablenkungen und Illusionen abzuwehren, die Ihnen Ihre natürliche Liebe rauben.

Von der Selbstliebe und dem kostbaren Pfad der Einsamkeit

Alle wirkliche Liebe beginnt mit Selbstliebe. Wenn wir unsere Wertschätzung in erster Linie von anderen beziehen, verlieren wir unser Selbstwertgefühl. Um sich selbst zu lieben, müssen Sie sich kennen, und zwar auch jenseits der Rollen, die Sie spielen, und der Gespräche, mit denen Sie anderen klar machen wollen, wer Sie sind. Glücksgefühle fließen letztendlich aus unserer Selbstwertschätzung. Alle menschlichen Zugeständnisse scheitern. Sie besitzen nur das, was Sie sind. Indem Sie sich kennen und den größten Wert auf Ihre Fähigkeiten und Begabungen legen, lernen Sie nach und nach auch Ihre Nächsten und Ihre Familie lieben.

Einsamkeit ist ein wunderbarer Pfad zur Selbstliebe. Es gibt einige Dinge, die niemand mit Ihnen gemeinsam würdigen kann. Im Augenblick Ihres Todes werden Sie erkennen, dass Sie sich selbst wirklich vermissen werden. Ihr Herz wird auf die stärkste nur vorstellbare Weise brechen und danach in die größte nur vorstellbare Freude explodieren. In diesem Augenblick werden Sie Ihren eigenen Wert erkennen und sich selbst natürlich hoch schätzen. Sie werden erkennen, wie sehr Sie sich an sich selbst erfreuen, ganz unabhängig von der Geschichte, die Sie anderen bis dahin über sich erzählt haben.

Ihre Selbstliebe ist so tief, dass Sie darüber überrascht sein werden. Jede einzelne Handlung Ihres Lebens wird Ihnen in einem brillanten Licht erscheinen, wenn Sie erst einmal die Perfektion jeder Einzelnen Ihrer Verhaltensweisen erkannt haben. Sie werden ganz klar sehen, dass all die Versuche, andere Menschen zu lieben, einfach Versuche waren, diesen unglaublichen Strom der Selbstliebe zu befreien. Es wird klar sein, dass all die Liebe, die

Sie jemals gegeben haben, für Sie gemeint war. Und selbst wenn Sie die Liebe anderer Menschen zu spüren glaubten, fühlten Sie dabei in Wahrheit Ihre eigene angeborene Liebe. Ihre Selbstliebe ist das höchste Gefühl von Ekstase, sie übertrifft all Ihre Hoffnungen und Träume von Freude und Erfüllung.

Wenn Sie sich nicht in einem Zustand des Glücks befinden, liegt das nur daran, dass Sie Ihre Aufmerksamkeit auf die falschen Dinge gerichtet haben. Furcht, Abgestumpftheit und das menschliche Drama haben Ihre natürliche Liebe zum Leben erstickt. *Die Liebe der meisten Menschen ist eingesperrt hinter einer Mauer aus Kummer und Schmerz, die sie isoliert bleiben lässt.*

Einsamkeit ist ein Zustand, den Sie in Ihr Leben integrieren müssen. Wenn Einsamkeit in uns hineinkriecht, fühlt sich das wie Getrenntsein an oder wie etwas, gegen das wir sofort etwas unternehmen müssen. Doch wenn wir einen Moment abwarten, wird sie sich niederlassen wie ein alter Freund. Einsamkeit ist nur der erste Schock des kalten Wassers, wenn wir in einen Ozean aus Liebe hineingehen. Es ist der Eintritt in eine der tiefsten Formen der Freude. Wenn Sie das Gefühl ohne Vorurteil annehmen können, wird Einsamkeit zu einem Fenster zur absoluten Liebe.

Das Kommunikationsmuster des Herzens: bedingungslose Liebe, gepaart mit positiver Aggression

Das Kommunikationsmuster, das aus dem Herzen fließt, ist bedingungslose Liebe. Das ist keine weichliche, gefühlsduselige Form von Zuneigung. Glück will hartnäckig verteidigt werden. Ihre Liebe zu Ihren Kindern ist stark und beschützend. Das Gefühl von Liebe ist mit

gesunder Aggression verbunden. Wenn Sie sich in Selbstmitleid fallen lassen, können Sie das Leben nicht voll leben. Ihre Angst, verletzt zu werden, hält Sie die ganze Zeit davon ab, zu lieben.
Ergreifen Sie Ihre größte Chance mit dem Herzen. Erlauben Sie sich selbst, ganz und gar zu lieben. Wir brauchen einen Gegenstand unserer Liebe, und wir werden kämpfen, um dieses Band zu verteidigen. Haben Sie jemals eine größere Wildheit erlebt als bei einer Bärin, deren Junge bedroht sind? Sie können sich diesen enormen Impuls nutzbar machen, um Ihre Leistung zu steigern. Alle großen Errungenschaften basieren auf positiver Aggression, die sich in Stärke wandelt. Starke Liebe besitzt eine ekstatische und das Herz öffnende Qualität. Positive Aggression ist gut für die Gesundheit, Liebe feuert das Immunsystem an. Ein liebendes Herz wird Ihren Körper heilen, ein gebrochenes Herz dagegen Ihre Abwehrkräfte schwächen, und Herzschmerz schließlich lässt Ihr Immunsystem Amok laufen, ja wird sogar Ihren Körper angreifen.

Erschaffen Sie sich das Herz eines Siegers

Angriff ist die beste Verteidigung. Wenn Sie sich zurücklehnen oder treiben lassen, werden feindliche Kräfte Sie zermalmen. Es ist sehr wichtig, dass Sie Ihre Stimmungen unter Kontrolle halten. Jetzt müssen Sie zurückschlagen. Sie müssen sich mit Ihren Hindernissen konfrontieren. Wenn Sie vor Schwierigkeiten weglaufen, werden sie Ihnen folgen. Stellen Sie sich, auch wenn Sie dabei ein wenig murren, und blicken Sie Ihrem Gegner direkt ins Gesicht. Das wird ihn zögern lassen und schließlich zum Verschwinden bringen.
In harten Situationen kämpfen die meisten Menschen

instinktiv darum, Erleichterung zu finden. Sie versuchen gegen den Druck anzukämpfen, der droht, ihnen Sinn und Verstand zu rauben. Doch je mehr sie kämpfen, desto mehr werden sie verstrickt. Ein Mensch, der Stress in seinem Job erlebt, wählt oft einen anderen, nur um zu erleben, dass er dort erneut unter Spannungen zu leiden hat. Ein Mensch beendet eine Beziehung, nur um zu entdecken, dass der Neue aus demselben Stoff ist wie der Alte. Die Umstände mögen sich verändert haben, und doch ist alles beim Alten geblieben.

Wer war jeweils da, wenn bei Ihnen alles schief lief? Allmählich müssen Sie sich selbst als den gemeinsamen Nenner in all Ihren Erfahrungen erkennen. Sie sind der verantwortliche Teil des Ganzen. Um wirklich anhaltende Veränderungen zu schaffen, müssen Sie das mutige Herz eines Gewinners entwickeln. Und worin besteht dieses Herz eines Siegertyps? Ganz einfach darin, dass er alles und jeden in seiner Umgebung von ganzem Herzen anerkennt und würdigt. Diese Erfahrung ist sehr freudvoll, das Herz will schier bersten.

Sie wären sehr erstaunt, wenn Sie wüssten, wie viele Ihrer Anstrengungen nichts anderes als verschwendete Gefühle sind. *Wenn Ihr Herz nicht an dem beteiligt ist, was Sie tun, ist der größte Teil Ihrer Energie verschwendet.* Wie viel von dem, was Sie in der Schule lernten, war nur dazu da, die Zeit auszufüllen? Und wie viel von Ihrem heutigen Leben ist immer noch nur halbherzig gelebt und wird von anderen diktiert?

Bedingungsloser Respekt erfordert tiefstes Akzeptieren des anderen. *Wenn Sie lieben, öffnet sich Ihr Herz in Ekstase, Sie fühlen sich wie auf dem Gipfel der Welt.* Sie gehen nicht mehr, sondern Sie schweben durch die Straßen. Liebe und Zuneigung sind wunderbar. Respekt zeitigt natürliche Integrität, und die Menschen behandeln sich gegenseitig gut. Wenn Sie sich von der Illusion frei

machen, dass Liebe etwas ist, in dem Sie wie in einer Schicksalsmacht mit Haut und Haaren versinken, wird sich Ihr Herz natürlich und spontan öffnen. Denn Liebe geschieht einfach. Sie fühlen tiefe Liebe ohne jedweden Grund. Ihre Anbetung und Bewunderung des Geliebten dehnt sich auf alles und jeden aus – niemand ist etwas Besonderes.
Wenn dieser Aspekt Ihres Bewusstseins erwacht ist, werden Sie das Gefühl haben, dass jeder Ihr eigenes Kind ist. Wenn Ihr Liebhaber Sie verlässt, empfinden Sie von Herzen gefühlte Freude. Wenn er bleibt, umso besser. Stimmungen und Verhaltensweisen mögen Ihnen zeitweise zusetzen, aber Ihre Liebe und Zuneigung bleiben davon unberührt. Unnötig zu sagen, dass nur sehr wenige Menschen ein Leben in diesem hohen Bewusstseinszustand dauerhaft schaffen.

Widerstand zwecklos – Amor und Fortuna sind Ihnen auf den Fersen

Wenn Menschen Herzschmerz erleben, versuchen sie Widerstand zu leisten. Sie wollen nicht verletzt werden, keinen Schmerz empfinden müssen. Doch ihr Widerstand macht alles nur schwerer. Schließlich fällen sie eine Entscheidung: »Ich werde nie wieder so tief lieben.«
Um Schmerz zu vermeiden, halten sich Menschen auch von der Freude fern. Deshalb verfliegt das Leben der meisten Menschen ohne die leiseste Ahnung davon, welch unglaubliche Gefühle hinter dem dünnen Vorhang des Mysteriums liegen, mit dem sie sich aus Scheu nicht konfrontieren wollen.
Um Ekstase erleben zu können, muss sich Ihr Herz öffnen. Es muss aufbrechen. Dies ist eine Art von Tod. Sie können damit bis zu Ihrer Todesstunde warten oder Sie

können Ihrer Verlustangst gleich ins Auge sehen. Wenn Sie Herzschmerz zulassen und ganz in sich aufnehmen, wird er Ihr Herz öffnen. Wenn Sie den Schmerz herausfordern und jede einzelne Empfindung so tief fühlen, wie es Ihnen nur möglich ist, wird der Schmerz implodieren. Das Herz bricht auf in freudiger Dankbarkeit. Menschen, die der Tragödie ins Auge geblickt haben und sie dazu benutzt haben, um weltliche Erfahrungen zu transzendieren, teilen dieses große Geheimnis. Plötzlich liebt das Herz mit der Freiheit eines Kindes.

Die Art von Liebe, nach der Sie sich sehnen, gibt es. Wenn Sie lernen, Ihr Herz zum Glühen zu bringen, werden Sie andere, die genauso fühlen wie Sie, magnetisch anziehen. Leiden dagegen zieht die Sympathie von Menschen an, die in Selbstmitleid leben. Von ganzem Herzen empfundene Freude zieht Menschen an, die mit Ihnen lachen. Spielen Sie eine fröhliche Melodie, und die Menschen werden mit Ihnen tanzen. Es liegt in Ihrer Verantwortung. Mit Ihrem Glück dienen Sie anderen, denn Freude löst Schmerz auf. Verantwortung in diesem Sinne zu übernehmen bedeutet, dass Sie erkennen, dass Sie selbst die Quelle jedes Gedanken und jedes Gefühls in Ihren zwischenmenschlichen Beziehungen sind. Diese Tatsache können Sie nicht mit Ihrem Verstand begreifen. Dazu müssen Sie sich vielmehr einstimmen in die Weise, in der Ihr Herz Gefühle verströmt. Die anderen werden dann zu Ihrer Symphonie tanzen, und Sie sind der Dirigent.

Zu lieben bedeutet, frei zu sein von unnötigen Widerständen gegen das Leben. Es bedarf eines Sprungs in den Glauben, um sich über die ganz gewöhnliche Liebe hinauszubewegen. Dort erhaschen Sie einen ersten Blick auf den göttlichen Aspekt Ihrer Natur. Vielleicht liegt darin auch der Grund, weshalb große spirituelle Menschen sagen, dass Gott Liebe sei.

Die Quelle der Liebe sind immer Sie selbst

Es ist gut, die physische Quelle der Liebe zu kennen. Sie können den Fluss der Liebe erforschen. Richten Sie dabei Ihr Augenmerk auf die Empfindung von Liebe. Wer verursacht Ihre Liebe zu anderen? Wer verursacht die Liebe eines Freundes oder Liebhabers zu Ihnen? Das sind Sie! *All die Liebe, die Sie empfangen, strömt aus Ihnen selbst heraus. Gleichgültig, was Sie sich unter Liebe vorstellen – fest steht: Sie sind die Quelle.*
Ihre Freunde lieben Sie. Wenn Sie sich dessen bewusst sind, passt alles, was Ihre Freunde tun, in den Kontext der Liebe. Was Sie in Ihren Freunden sehen, ist Liebe. Wozu auch immer sie fähig sein mögen – alles, was sie tun, steht für den höchstmöglichen Ausdruck, dessen sie fähig sind.
Wenn Sie erkannt haben, wie es funktioniert, werden Sie zur Quelle der Liebe in Ihrer Umgebung und in Ihrer eigenen Erfahrung. Andere Menschen werden einander durch Ihren Einfluss mehr lieben. *Wenn jemand keine Zuneigung fühlt, liegt es daran, dass er anderen keine entgegengebracht hat. Geben heißt empfangen auf diesem Kanal.* Überwältigen Sie andere mit Ihrer Zuneigung, und Sie werden überrascht sein, wie willkommen sie ist, wie sehr andere Menschen sie brauchen.

Enthusiasmus – das Füllhorn des Lebens erfahren

Wenn die Glücksgefühle aus Ihrem Herzen wie Luftblasen in den Hals aufsteigen und Sie sie unwillkürlich mit einem Juchzer herauslassen müssen, haben Sie das Stadium des Enthusiasmus erreicht. Jubeln, Schreien und überschwängliches Reden sind typisch für diese Stufe.

Enthusiasmus ist gesteigerte Ekstase. Ihnen läuft buchstäblich der Mund über, die Worte strömen aus Ihnen nur so heraus, noch bevor Sie sie druckreif formulieren können.

Paradoxerweise hören Sie gleichzeitig besser, was andere Menschen sagen. Weil Sie sehr genau zuhören, nehmen Sie die Botschaft anderer sehr genau auf und zeigen ihnen, wie sehr Sie davon fasziniert sind. Die Geschichten anderer Menschen faszinieren Sie, ihr Leben fasziniert Sie. Die anderen wiederum spüren Ihr echtes Interesse, worauf sie mit Aufmerksamkeit reagieren. Auf diese Weise entsteht eine wohltuende Kommunikation.

Wenn Ihre Worte das wiedergeben, was wirklich ist, lösen Sie in anderen Menschen Enthusiasmus aus. Während andere Menschen Dinge sagen, mit denen sie sich selbst in ein besseres Licht rücken wollen, beschreiben Sie ganz einfach, was Sie sehen, hören und fühlen. Was aus Ihnen herauskommt, ist spontan und wahrhaftig. Sie nehmen Ihre Umgebung direkt und genau wahr. Weil Sie die Dinge beim Namen nennen, kann man Ihrem Wort trauen.

Auf der körperlichen Ebene sichtbar wird diese Stufe in einer entspannten Kinnpartie. Das Gesicht wird länger und insgesamt deutlich entspannter. Immer wieder müssen Sie unwillkürlich lachen, es drängt förmlich aus Ihnen heraus. Ihre deutlich vernehmbare Freude mag Menschen, die dazu erzogen wurden, ihr Glück nicht zu zeigen, frivol oder unheimlich vorkommen. Bewahren Sie sich bitte trotzdem Ihr wunderbares Lachen!

Gespielter und echter Enthusiasmus

Manchmal ist es angemessen, Enthusiasmus zu spielen, auch wenn Sie sich gar nicht so fühlen. Dies kann zumindest zeitweise Ihre Stimmung heben, wenn Sie niedergeschlagen sind. Doch echter Enthusiasmus muss sich langsam aufbauen. Vertrauen, Leidenschaft, Begeisterung und Glück steigen bis in den Hals und zum Kinn hoch, laufen schließlich über und explodieren in kleinen Ausrufen des Entzückens.

Mit der Zeit lernen Sie, wann es passt, Ihre ganze Lebendigkeit zu zeigen. Dann werden Sie Ihre Zeit in Umgebungen verbringen, die Ihrer Intensität entgegenkommen und diese fördern. Und Sie werden lernen, sich an Ihrer spontanen Überschwänglichkeit zu erfreuen, die aus den tiefsten Tiefen Ihres Seins hervordringt.

Viele Motivationskurse treiben Werbung für die Bedeutung des Enthusiasmus. Wir alle glauben zu wissen, was Enthusiasmus ist, doch was ist er wirklich? Was geschieht eigentlich, wenn wir ganz echt und wirklich enthusiastisch sind?

Wenn Sie sehen, wie jemand ausgelassen umherspringt und begeistert herumschreit, besteht die Möglichkeit, dass er seinen Enthusiasmus nur spielt. Echter Enthusiasmus nimmt andere Formen an. Manchmal ist er sehr ruhig und gesammelt, bisweilen entfährt Ihnen unwillkürlich ein leises »Ahhhh«. Ein anderes Mal wiederum stimmen Sie vor erregter Begeisterung ein lautes Indianergeheul an. Es geschieht Ihnen einfach, wenn die Lebensfreude in Ihnen aufwallt. Auch dabei handelt es sich nicht um gespielten Enthusiasmus, denn die Reaktion ist völlig angemessen, weil sie Ihrem innersten Empfinden entspricht. Es ist keine Show, sondern fließt aus der Explosion einer freudigen Empfindung heraus.

Auf der Stufe des Enthusiasmus beginnen Sie durch den Nebel von Meinung und Interpretation mit Klarheit zu sehen, was ist. Die Wahrheit leuchtet vor Ihnen auf wie eine lodernde Flamme. Sie platzen damit heraus, noch bevor Sie etwas zensieren können. Wer Sie sind, was Sie sagen und was Sie tun, stimmt überein. Starke Zuneigung steigt in Ihnen auf und drückt sich aus in einer Sprache der Wertschätzung.

Das Kommunikationsmuster des Enthusiasmus: die Anerkennung anderer

Anerkennung ist eine wesentliche Taktik der Kommunikation auf dieser Stufe. Anerkennung bedeutet in diesem Falle eine positive Beschreibung dessen, was sich ereignet hat. Anerkennung drückt das, was geschehen ist, einfach in einer Weise aus, die Ihre Wertschätzung deutlich macht – unabhängig davon, ob etwas gelungen oder fehlgeschlagen ist. Einen Fehlschlag kann schließlich selbst der erleiden, der hart für eine Sache gekämpft hat. Niemand wird eines Fehlers bezichtigt, weil jedes Handeln zu einem Ganzen beiträgt. Verluste werden gleichberechtigt mit Gewinnen anerkannt.

Wenn Sie lernen, andere Menschen anzuerkennen, hören diese auf damit, ihre Fehler vor Ihnen verbergen zu wollen. So kann jeder aus Irrtümern lernen. Etwas zu verbergen kostet dagegen eine Menge Zeit und Energie. Anerkennung ist die machtvollste Form der Kommunikation, die Sie pflegen können.

Die Kunst des Dialogs – wie Sie die Brillanz in anderen Menschen wecken

Ihre Neugier ist inzwischen gut entwickelt, sodass Sie Fragen stellen können, die Licht in eine Situation bringen. Der Schwerpunkt liegt dabei mehr auf der Verbindung zwischen den Sprechern als auf dem Inhalt der Unterhaltung. Auf diese Weise werden mit jeder Frage positive Eigenschaften beider Parteien enthüllt. Wenn Menschen auf die jeweilige Lebendigkeit des anderen reagieren, erhält ihr Informationsaustausch eine freundliche, interessante Qualität. Der Dialog fließt angenehm zwischen ihnen, ganz und gar ohne das Gefühl, ausgefragt zu werden oder sich in einem Kreuzverhör zu befinden. *Die Kunst des Dialogs besteht darin, das Beste in anderen Menschen zutage zu fördern.* Der Dialog regt Neugier und Lebendigkeit an, es gibt weder Übertreibung noch die Notwendigkeit, etwas zu erklären, und weil Sie die Dinge beschreiben, wie sie sind, sind Sie glaubwürdig. Dies ist Überzeugungskraft im reinsten Sinne. Echte Überzeugungsarbeit geschieht frei von Zwang. Man ermutigt andere Menschen dazu, ihrer eigenen Weisheit zu folgen. Sie können sehr viel Geld verdienen, wenn Sie erkennen, was andere brauchen, und ihnen die Information und Ermutigung geben, die sie ihren eigenen Weg gehen lässt. Auf dieser Stufe können Sie unterscheiden, wann der Traum, den jemand leben will, realistisch ist und wann nicht. Ihre Wahrnehmung und Ihr Erkenntnisvermögen sind ausgezeichnet. Bevor Sie auf dieser Stufe angelangten, wäre Ihr Rat nutzlos gewesen. Jetzt ist er unbezahlbar.

Schwelgen Sie im Überfluss und bereichern Sie andere

Auf dieser Stufe sind Sie außerordentlich großzügig. Die Reaktionen darauf kommen anfangs erst langsam, doch dann scheint sich die Freundlichkeit der anderen Menschen zu vervielfachen. Was Sie erreichen wollen, scheint automatisch zu geschehen: Sie erleben Synchronizität – jenen geheimnisvollen Zustand, in dem magische Ereignisse zusammenzutreffen scheinen, damit Sie

Erfolg haben. Sie werden von unsichtbarer Hand geführt.
Sie erleben einen ungeheuren Überfluss, das Leben ist im Fluss, und Sie lassen alles einfach geschehen. Weil Sie zu führen verstehen, wollen die Menschen mit Ihnen zusammenarbeiten. Ihr Selbstausdruck ist getragen von einer wunderbaren Leichtigkeit, und Ihre Klarheit erschafft eine magische Welt um Sie herum: Andere Menschen müssten sich sehr anstrengen, um das zu erreichen, was Ihnen jetzt zufliegt.
Um den Enthusiasmus zu Ihrem Lebensstil machen zu können, müssen Sie andere Menschen bereichern. Wenn Sie das Wesen der Großzügigkeit verstanden haben, stellt sich Überfluss ganz von selbst ein. Das Leben ist ein Füllhorn, Sie und Ihre Nächsten teilen alles völlig frei, die Grenze zwischen Geben und Nehmen verwischt sich, beides fällt in eins. Angebot und Nachfrage werden zu einer Arbeitsphilosophie.

Wo Sie jetzt stehen – eine Würdigung des bisher Erreichten

Inzwischen sind Sie bereits sehr selbst bestimmt. Sie setzen jeden Menschen in sein Recht, glauben aber ausschließlich sich selbst, denn niemand sieht, was Sie sehen, oder fühlt, was Sie fühlen. Synchronizitäten ereignen sich mit größerer Häufigkeit, Sie nähern sich immer mehr der Zeitlosigkeit. Machen Sie in dieser Richtung weiter und nehmen Sie eventuell nötige Kurskorrekturen durch die Natur oder wirkliche Ereignisse an. Hören Sie sich alle Ratschläge an, die Sie nur kriegen können, doch halten Sie sich bitte an keinen einzigen. Lauschen Sie einfach höflich den Worten anderer, um das Gran an Wahrheit und Weisheit zu finden, das sich in ihrer Rede verbirgt. Achten Sie darauf, anderen Menschen niemals zu widersprechen oder Streitgespräche mit ihnen zu führen. Bleiben Sie Ihr eigener Ratgeber. Hören Sie vor allem auf Ihre innere Stimme.

Auf jeder weiteren Stufe, die Sie im Reich des Handelns erklimmen, erhöht sich die Anzahl der Paradoxa und Widersprüche, die Sie zu meistern haben. Bleiben Sie dabei, alles beim Namen zu nennen. Lassen Sie Worte nicht zu Ihrem Meister werden, drücken Sie vielmehr Ihre Erfahrung aus.

Um eine weitere Stufe über den Enthusiasmus hinaus erklimmen zu können, müssen Sie Ihr tiefes Interesse an Ihren Mitmenschen weiter kultivieren. Ihre Neugier ist bereits sehr tief geworden. Wenn andere Menschen etwas sagen, können Sie sich bereits so weit von Ihren mentalen Bildern lösen, dass Sie ein klareres Bild von der tatsächlichen Erfahrung Ihrer Mitmenschen erhalten.

Feiern Sie Erntedank

Beginnen Sie, ein Tagebuch der Dankbarkeit zu schreiben. Notieren Sie jeden Tag fünf Dinge, für die Sie dankbar sind. Fühlen Sie die tiefe Wertschätzung, die Sie gegenüber Ihrem gesamten Dasein empfinden. Lassen Sie sich von dem Guten, das Ihnen das Leben bietet, zu Tränen rühren. Verwandeln Sie jeden Tag in ein Erntedankfest und nutzen Sie jede Gelegenheit zum Feiern. Geben Sie Partys, auf denen Sie andere Menschen Ihre tiefe Wertschätzung fühlen lassen. Ihre Lebendigkeit und Fröhlichkeit wird anderen gut tun und sie gleichzeitig für Ihre ganz persönliche Mission öffnen.

Inspiration – von der göttlichen Natur des Menschen

Inspiration lässt uns einen ersten flüchtigen Blick auf das Göttliche in der menschlichen Natur erhaschen: Ein Maler trägt Farbe auf die Leinwand auf und erfährt mit tiefem Staunen, was dort Form und Gestalt annimmt. Ein Schriftsteller erlebt, wie die Worte sich gleichsam durch ihn hindurch auf das Papier ergießen wie eine Flut. *Es scheint, als sei eine höhere Macht am Werk. Kunst ist die Wissenschaft der Wunder.*

Jetzt haben Sie die sechste Stufe in der Welt des Handelns erreicht. Sie erleben Augenblicke der Vollendung. Diese einzigartigen Momente zeigen Ihnen, wie das Leben sein könnte. Diese kurzen Einblicke enthüllen neue Möglichkeiten in Wissenschaft, Kunst und Technologie. Sie haben den Rang einiger weniger Elitedenker erreicht, deren Beiträge zu Wissenschaft, Forschung und Kunst die Menschheit in neue mögliche Welten katapultiert haben.

Für das Leben gibt es keine Generalprobe – vom Wesen der Wirklichkeit

Sehen Sie sich um und betrachten Sie die Menschen und Ereignisse, die Ihr Leben bestimmen. Bedenken Sie bitte, dass dies *Ihr* Leben ist und *hüten Sie sich vor der weit verbreiteten Phantasie, dass morgen alles anders sein wird. Die meisten Menschen treffen ständig Vorbereitungen dafür, irgendwann einmal mit dem Leben anzufangen. Sie bereiten sich auf einen Tag in weiter Ferne vor, an dem sie beginnen wollen, ihren Traum zu leben*. Doch die Stufe der Inspiration überwindet Vorbereitungen und

Proben. Das Leben ist Ihre Bühne, es geht um Ihre Vorstellung. Der Moment, auf den Sie immer gewartet haben, ist jetzt. Sie sind angekommen.

Wenn Sie Ihre Welt annehmen, wie sie ist, beginnt sie sich ironischerweise zu ändern. Wenn Sie sich nicht mehr wünschen, dass die Dinge anders sein sollten, werden sie plötzlich anders. Es scheint, als habe Ihnen jemand eine dreidimensionale Brille aufgesetzt.

Stellen Sie sich vor, Sie hätten das Leben die ganze Zeit durch den Filter eines Intellektuellen betrachtet, was Sie zu einer zweidimensionalen Version des Lebens geführt hat. Doch eines Tages entspannen Sie sich, und Ihre räumliche Wahrnehmung kehrt zurück. Sie sehen und fühlen tiefer. Andere Menschen denken, Sie hätten den Verstand verloren, dabei sind Sie in Wahrheit zum ersten Mal ganz und gar bei Sinnen.

Wir halten unsere Version von der Wirklichkeit zusammen, indem wir uns und anderen Geschichten erzählen. Wir haben Märchen, Mythen, Kriegsberichte, Geschichtsbücher und die Märchen der Naturwissenschaften. Viele dieser Geschichten enthalten wichtige Wahrheiten. Sie schaffen die Realitäten, aus denen wir leben, uns faszinieren Heldengeschichten und Gleichnisse über das Leben. Doch keine einzige Geschichte kann die ganze Wahrheit umfassen. *Was wir Wirklichkeit nennen, ist letztlich nur eine Serie fragmentarischer Gedankenspiele über Leben und Tod.*

Ihre Lebenskraft ruht auf einer soliden Basis machtvoller, verlässlicher Empfindungen. Ihr Gesicht zeigt enthusiastische Freude und Ihre Augen strahlen vor Lebendigkeit. Weil Ihnen jetzt die Augen aufgegangen sind und Sie plötzlich ganz viel sehen, erkennen Sie, wie wenig Sie eigentlich sehen. Diese Erfahrung macht Sie demütig. Und weil Sie den Widerstand Ihres Ego zurückgenommen haben, ereignet sich Großes.

Wenn Menschen die Stufe der Inspiration erreichen, übertreffen sie auf dem von ihnen gewählten Gebiet selbst Experten. Sie sind Pioniere und gehören zu einem exklusiven Club. Lichtgestalten ziehen einander an, weil sie anregend füreinander sind. Und die extrem wenigen Menschen, die Sie auf dieser Ebene treffen, können sehen, dass auch Sie zu den Sehenden gehören.

Die Geburt Ihres Genius und die Vision Ihres Lebens

Auf dieser Stufe sind Ihre Neugier und Lebendigkeit vom Ende Ihrer Wirbelsäule bis in Ihre Augen aufgestiegen. Ihre Augen sind die Fenster zu Ihrer Seele, und diese Fenster stehen jetzt weit offen. Die Augen sind zugleich die direkteste Verbindung zum Gehirn, durch sie dringt Licht in den Körper ein, sie stellen unsere direkteste Verbindung zur Welt her. Zwar haben Sie auch durch Ihre Haut Kontakt mit Ihrer Umgebung, doch die Augen sind der wesentlichste Verbindungskanal zwischen Ihnen und der Welt. Die Informationen, die durch diese beiden kleinen Öffnungen eindringen, bestimmen unser Weltbild. Dabei konzentrieren wir unser ganzes Augenmerk nur auf einen winzigen Ausschnitt des elektromagnetischen Spektrums, und auf diesen verschwindend kleinen Teil möglicher Realitäten hat sich der Geist von Millionen von Menschen geeinigt. Doch forschende Geister wollen mehr sehen. Auf der Stufe der Inspiration wollen Sie die Grenzen der Wahrnehmung erweitern und in andere Realitäten vordringen.

Inspiration fühlt sich phantastisch an. Sie strotzen vor Lebendigkeit, wie Sie es sich nicht einmal in Ihren kühnsten Träumen vorstellen konnten. Ihre Wahrnehmung der Schönheit des Lebens ist gereift, und Sie erleben die

Natur nur noch minimal gefiltert. Sie sehen, hören, riechen und schmecken intensiv – ganz wie einst als Kind. Wenn Sie diese Stufe der Wahrnehmung erreicht haben, wird Ihnen die Vision Ihres Lebens aufgehen. *Wer das Stadium der Inspiration erreicht, erwacht zu seinem tiefsten Lebenssinn.* Sie sind mehr als ein egoistisches Geschöpf, das sich irgendwie durchs Leben mogeln will. Ihre Intelligenz berührt vielmehr viele Menschen, deren Lebensqualität sich durch Ihr Werk entscheidend verbessern wird. Ihre Gabe ist eine Mission zum Besten für die ganze Menschheit. Solche hehren Ideale mögen Menschen, die in den Niederungen des Lebens stecken geblieben sind, unsinnig erscheinen. Doch Sie sehen alles in einem größeren Zusammenhang. Auf dieser Stufe wird das Leben zu einem einzigartigen Fest. *Der Schläfer ist erwacht, und das in ihm verborgene Genie kommt heraus, um zu spielen.*

Wo keine Vision mehr ist, sterben die Menschen. Die Vision eines einzigen Menschen kann die Arbeitsplätze vieler tausend Menschen sichern. Unternehmen und ganze Nationen werden von der Vision eines einzigen Individuums getragen. Und wenn ein Volk zur Wahlurne schreitet, wählt es nicht den Präsidenten, sondern eine Vision, die Person kommt erst an zweiter Stelle nach ihrer Vision. Visionäre Führungspersonen sind rar, und Visionen sind eine äußerst fragile Handelsware. Nur wenige Menschen besitzen sie, und noch weniger können eine Vision in die Wirklichkeit umsetzen. Die Schwierigkeit besteht im Durchhalten. Sie müssen Ihre Vision schützen und sie anderen Menschen mitteilen. Von entscheidender Bedeutung ist Ihre Wahl des richtigen Teams für die Umsetzung Ihrer Vision.

Auf dem Gipfel der Klarheit

Auf der Stufe der Inspiration ist Ihre Klarheit in voller Blüte. Gewohnheitsmäßiges Denken basiert auf Erinnerungen. Inspirierte Menschen arbeiten mit historischem Wissen, aber sie wagen sich auch in Neuland vor und heben damit den Status quo auf. Sie brechen geschlossene Systeme mit Fragen auf, die verborgene Qualitäten freilegen. Sie bewegen sich an der Grenze des Unbekannten, Wandel ist das einzig Beständige für sie.

Ihr Denken auf dieser Stufe ist direkt. Solch eine unmittelbare Wahrnehmung ist eine Art von Intuition. Jetzt erreichen Sie die Höhen objektiver Beobachtung, was es Ihnen ermöglicht, die Devise »Leben und leben lassen« umzusetzen. Das Leben entfaltet sich, wie es sein sollte, und jeder ist vollständig, keiner bedarf der Hilfe, jeder Mensch gibt sein Bestes, und jede Handlung hat ihren Platz im Mosaik des Ganzen, die Puzzlestücke passen perfekt ineinander.

Im Stadium der Inspiration erkennen Sie, dass Schmerz immer dann in Ihrem Leben auftritt, wenn Sie versuchen, jemandem zu helfen oder etwas für jemand geradezubiegen. Um Ihre Klarheit zu behalten, müssen Sie lernen, sich auf Ihre eigenen Angelegenheiten zu konzentrieren.

Auf dieser Stufe können Sie auch erkennen, wie sich Menschen ihre eigenen Wirklichkeiten erschaffen. Doch Ihr Einschreiten ist weder erwünscht, noch wird es gebraucht. Die anderen machen ihre Sache gut, egal, wie es nach außen aussieht. Falsche Projektionen lösen sich auf, Sie sehen die Menschen, wie sie sind, ohne Filter, die auf Vorurteilen oder Emotionen beruhen. Sie sehen die Schönheit in jedem Menschen.

Das Leben – eine göttliche Komödie

Jetzt, da Sie das Stadium der Inspiration erreicht haben, widmen Sie Ihre Aufmerksamkeit nicht mehr ausschließlich sich selbst, sondern konzentrieren sich voll und ganz auf die Welt, die Sie umgibt. *Ein Zeuge des Lebens sein zu dürfen ist eine Ehre, und Demut ist die Essenz der Inspiration. Wenn Sie nicht mehr länger von Ihren unwichtigen Angelegenheiten besessen sind, wird das Leben zu einem ziemlich erstaunlichen Ereignis.* Und wenn Sie sich von Ihren eigenen Bedürfnissen frei machen, sind andere Menschen einfach wunderbar. Doch es gibt keine Demut ohne Demütigung: Solange Ihr stolzer Verstand nicht zurechtgestutzt ist, werden Sie nicht viel von der strahlenden Welt um Sie herum sehen. *Auf der Stufe der Inspiration erkennen Sie, dass das Leben ein unwahrscheinliches Spiel ist, eine göttliche Komödie.* Sie erzielen die erstaunlichsten Resultate völlig frei von jedweder Anstrengung. Die anderen wissen, was sie zu tun haben, ohne dass Sie ihnen die Richtung weisen müssten. Wenn Sie eine Situation nur beobachten, verändern Sie sie. Wenn Sie die Dinge geschehen lassen, fließen sie einfach an Ihnen vorüber. Sie mischen sich nicht ein, Sie haben losgelassen. Dennoch genießen Sie jeden einzelnen Augenblick.

Das Leben erscheint Ihnen wie ein Traum. Sie erhalten Einblick in das Mögliche. Sie kennen sich selbst auf eine Weise, wie Sie sich als kleines Kind kannten – frei von Verurteilungen oder Selbstkritik. Ihr wahrer Wert ist Ihnen absolut bewusst.

Als Sie in der Schattenwelt der Höhle lebten, war alles im Leben zufällig. Jetzt gibt es keine Zufälle mehr. Ursache und Wirkung erschaffen eine Welt aus Aktionen und Reaktionen. Alles, was Sie tun, hat Konsequenzen. Doch Sie nähern sich bereits einer anderen Wirklichkeit, die von Gesetzen der Quantenmechanik bestimmt wird, und in der rationales, lineares Denken nicht mehr länger aufrechtzuerhalten ist.

Das natürliche Hoch der Stufe der Inspiration beizubehalten erfordert eine ungeheure Konzentration. Wenn Sie das richtige Spiel gefunden haben, mit dem Sie Ihre Natur disziplinieren können, ist es möglich.

Sie spielen noch immer Rollen. Da gibt es jemanden, von dem Sie glauben, dass Sie er sein könnten. Sie können das Wunderbare in anderen Menschen sehen, doch es ist schwerer, sich selbst zu sehen. Sie wissen weder, wer oder was Sie sind, noch wohin Sie gehen oder wo Sie gewesen sind. Sie wissen nicht wirklich, was los ist. Man hat Ihnen eine Geschichte über Ihre Existenz erzählt, und Sie haben sie für bare Münze genommen. Jetzt hat sich Ihre Neugier bis zu einem Punkt entwickelt, an dem Sie am wenigsten an Ihrer wahren Natur interessiert sind. Kann sein, dass Ihre ganze Existenz überhaupt keinen Sinn hat. Doch auf eine höchst irrationale Weise können Sie über bestimmte Teile Ihres Lebens sogar Kontrolle ausüben, und zwar indem Sie immer wieder die Wahl treffen. *Sie werden zum Kapitän Ihres Schiffes. Sie geben Ihrem Leben Sinn, indem Sie einfach einen Sinn erschaffen, der größer ist als Ihre Sorgen. Sie verändern Ihre Lebensregeln, indem Sie sich selbst als das Zentrum aller Ereignisse erkennen.* Wenn etwas geschehen ist, so haben Sie es verursacht. Sie mögen zwar Ihre Rolle in dem ganzen Spiel nicht sehen oder gar verstehen, doch Sie verhalten sich einfach nach dem Prinzip, dass Sie derjenige sind, der sie verändern kann. Sie sind es, der den ganzen Unterschied macht.

Und Sie sehen, dass bestimmte Dinge anders sein sollten. Dies gibt Ihnen einen Hinweis auf Ihre Berufung. Vielleicht erkennen Sie beispielsweise, dass die meisten Filme nur Imitationen von anderen Filmen sind und dass

es nur wenige Innovationen gibt. Jede Szene ist vorhersehbar. Wenn Sie das erkennen, haben Sie die Fähigkeit, Filme zu drehen, die dieses ewig gleiche Strickmuster verändern. Kann sein, dass Ihr Selbstbild Ihnen nicht erlaubt, dass diese Gabe ans Licht der Öffentlichkeit kommt. Aber in Ihrer Kritik verbirgt sich eine Vision, wie die Dinge sein sollten. Visionäre schreiten dann zur Tat, denn sie trauen ihrer Vision.
Sie sind nicht der Mensch, der Sie zu sein glauben, Sie sind viel näher an dem Menschen dran, der Sie gerne sein würden. Es ist nützlich, Ihre gewordene Identität aufzugeben und zu einem objektiven Selbst zu werden, zu dem Träumer, der Ihr Leben träumt. In diesem Bewusstseinszustand lebt das Leben gleichsam durch Sie hindurch. *Das Abenteuer geschieht ohne Ihr Zutun. Sie beobachten einfach, staunen und würdigen alles, was geschieht. Ihr Leben hat eine magische Qualität angenommen.*

Innerer Frieden – die große Freiheit

Als ich ungefähr neun Jahre alt war, lief ich über die Weide der Farm meines Großvaters. Es war dämmerig und außergewöhnlich windig, die Luft schien mit Energie aufgeladen zu sein. Plötzlich sah ich eine einzelne Birne an einem Baum, der jahrelang nicht getragen hatte. Sie war ungewöhnlich groß, sah vollendet, prall und reif aus. Nicht eine einzige weitere Birne wuchs an diesem Baum. Dieser Anblick war so widersinnig, dass er mich in einen veränderten Bewusstseinszustand versetzte. Ich wurde vollkommen ruhig, und all meine Sinne waren von einer tiefen Freude erfüllt. Ich konnte das frisch geschnittene Gras überdeutlich riechen, es war, als könnte ich jeden Einzelnen der tausende von Grashalmen auf der Wiese sehen, wie sie sich rhythmisch bewegten, gleichsam als ob sie mit dem Wind tanzten. Ich war in einem Zustand stark erweiterter Wahrnehmung. Als ich mich dem Haus näherte, konnte ich die Stimmen meiner Familie hören. Ich fühlte, wie sehr ich sie alle schätzte und wie sehr ich mein eigenes Leben liebte. Die Dunkelheit brach an und ich wusste, es wäre an der Zeit, ins Haus zurückzukehren. Dabei verspürte ich ein gewisses Bedauern, da ich instinktiv ahnte, dass ich diese Erfahrung vollendeter Harmonie verlieren würde, sobald ich mit jemandem sprach. Ich würde meiner Familie in der Welt ganz gewöhnlicher Belange begegnen.

Zur Anatomie von Gipfelerlebnissen

Ein Gipfelerlebnis ist ein Augenblick der Vollendung. Auf der Stufe des inneren Friedens haben Sie gelernt, einem Gipfelerlebnis standzuhalten. In ihm liegt die absolute Abwesenheit von Angst. Jeder Muskel, jede Faser und jedes Organ Ihres Körpers ist entspannt. All die Sorgen, von denen die meisten Menschen die meiste Zeit geplagt werden, sind weit entfernt von Ihnen.
Der Gipfel repräsentiert das Außerordentliche. Sie haben die Spitze des Berges erreicht. Ironischerweise stellen sich Gipfelerlebnisse häufig nach großen seelischen Belastungen wie zum Beispiel einem tragischen Verlust ein. Am anderen Ende der Skala der Extreme ereignen sie sich als Folgeerscheinung tiefsten Vertrautseins, eines nachhaltigen sexuellen Erlebnisses oder anderer inspirierender Momente. Gipfelerlebnisse lassen sich auch von einem erfahrenen Ausbilder erzeugen.
Ein Gipfelerlebnis ist ein Ausblick auf echte Selbstverwirklichung. Noch identifizieren Sie sich mit der Persönlichkeit, die Sie im Leben spielen, aber Ihre wahre Iden-

tität scheint bereits durch. Auf dieser Stufe erfreuen Sie sich einer tiefen Verbundenheit mit der Natur, doch leider nur zeitweise. Denn noch sind Sie nicht sicher verankert in Ihrem Sein, die ruhigen Wasser Ihres Denkens können noch immer aufgewühlt werden, wenn Sorgen und Nöte eines anderen Menschen eindringen. Die Freude, die Sie erleben, ist wundervoll und schrecklich zugleich, denn wenn sie vorübergeht, erscheint das ganz normale Leben im Vergleich dazu öde und trüb.
Nach meiner Erfahrung erreicht man ein Gipfelerlebnis am leichtesten, indem man das tut, was man am besten kann. Große Künstler sehen eine andere Realität als Menschen, die sich Sorgen um ihr Überleben machen. Picasso malte eine Welt jenseits unserer mentalen Vorstellungen. Einstein erkannte Verbindungen, die andere Wissenschaftler nicht entdecken konnten.

Wie Sie zu innerem Frieden finden

Jeder Mensch hat seinen ganz eigenen Weg, um zu innerem Frieden zu gelangen. Doch es gibt einige universelle Prinzipien, die bei allen Menschen funktionieren. Diejenigen, die ihre Berufung erkannt haben und einen Weg gefunden haben, sie in einen Dienst am Nächsten zu verwandeln, erfahren die größtmögliche Erfüllung.
Manche erreichen heitere Gelassenheit durch Rückzug und Meditation. Manchmal sehnen wir uns alle nach einer Ruhepause, um einfach vor uns hin zu träumen und zu entspannen. Doch wahrer Frieden stellt sich unerwartet ein, häufig in der Hitze des Gefechts. Ein Sportler oder Musiker erreicht diesen bemerkenswerten Zustand oft, während er sein Können zeigt, beispielsweise bei einem Marathonlauf oder in einem Konzert. Nach langer Vorbereitung und großer Anstrengung er-

langt er den Höhepunkt eines Gipfelerlebnisses. Wir alle haben von solchen erstaunlichen Erlebnissen gehört, sie sind der Stoff, aus dem Legenden sind.
Auf der Stufe des inneren Friedens befinden Sie sich an der Grenze zur Transzendenz. Ihre Sinne sind ganz und gar geöffnet, Sie fühlen sich ganz und vollkommen natürlich. Innerer Frieden ist das höchste Gefühl von Lebendigkeit. Sie sehen Farben intensiv, hören Töne klar und deutlich, Freude erfüllt Ihren ganzen Körper. Ihre Zeit gehört Ihnen, Sie leben nach Ihren eigenen Regeln, Ihre Integrität ersetzt die herkömmliche Moral, Ihre inneren Werte sind in Einklang mit der Tugend. Harte Menschen fühlen sich von Ihnen abgestoßen, freundliche Menschen dagegen finden die innere Ruhe, die Sie ausstrahlen, unwiderstehlich.

Synchronizität – wo der Zufall endet und das Wunder beginnt

Während eines Gipfelerlebnisses nimmt das Leben eine magische Qualität an. Auf dieser Wahrnehmungsstufe erkennen Sie erstaunliche Verbindungen und Zusammenhänge zwischen einzelnen Ereignissen. Der große Seelenforscher C. G. Jung bezeichnete dieses Phänomen als Synchronizität. Er glaubte, dass diese Ereignisse eine Brücke zwischen Geist und Materie widerspiegeln würden. Er definiert Synchronizität als »ein bedeutungsvolles Zusammentreffen von zwei oder mehr Ereignissen, an dem etwas anderes als die Wahrscheinlichkeit des Zufalls beteiligt ist«.
C. G. Jung arbeitete mit einer Patientin, die über ihre Träume von einem gelben Käfer berichtete, einer Spezies, die es in der Umgebung von Zürich nicht gibt. Dann vernahm er ein anhaltendes Klopfen am Fenster, und als

er es öffnete, flog ein gelber Käfer herein. Die Eigenartigkeit dieses »Zusammentreffens« ermöglichte es der Patientin, aus einer anderen Perspektive sehen zu lernen.
Viele von uns haben schon so ein erstaunliches Zusammentreffen von Ereignissen erlebt. Sie signalisieren eine momentane Unterbrechung gewöhnlicher Ereignisse und geben uns einen kurzen Einblick in eine transzendente Wirklichkeit, in der unsere Verbindung zu unserer Umgebung wahrnehmbar ist. Wir alle haben schon solche Augenblicke der Vollendung erlebt, in denen die Dinge auf magische Weise zusammentrafen.

Werde, der du bist

Sie finden Ihren eigenen Genius, indem Sie die Großartigkeit in einem anderen Menschen erkennen und anerkennen. Eltern wissen, wie das funktioniert. Sie sehen die strahlende Einzigartigkeit ihrer Kinder und erkennen ihr Potenzial. In solchen Augenblicken stehen sie gleichzeitig ihrer eigenen Schönheit und Intelligenz von Angesicht zu Angesicht gegenüber.
Menschen, die ihre tiefe Lebendigkeit erfahren, leuchten förmlich, was sich am Strahlen ihrer Augen und dem Glanz der Haut zeigt. Eine Braut »glüht« geradezu an ihrem Hochzeitstag, und von schwangeren Frauen sagt man ebenfalls, dass sie ein besonderes Strahlen haben.
Indem wir uns mit anderen Menschen verbinden, geben wir unsere Verteidigungshaltung auf, die Masken fallen, und das Gesicht wird offen und klar wie das eines Kindes. Wir alle genießen diese natürliche Lebendigkeit, frei von dem Stress und der Angestrengtheit zu sein, mit der wir tagein, tagaus in eine falsche Persönlichkeit schlüpfen, um uns zu schützen.

Jeder von uns kennt eine Tätigkeit, mit der er die geschwätzige Stimme im Kopf zum Schweigen bringen kann. *Sie finden Ihren ganz persönlichen Pfad zu innerem Frieden, wenn Sie mit verschiedenen Aktivitäten experimentieren, bis sie genau jene entdeckt haben, die Ihr Herz und Ihren Geist vollkommen zur Ruhe bringt.*

Auf der Stufe des inneren Friedens fühlen Sie sich wieder ganz als Sie selbst, gerade so, als ob Sie zuvor unter dem Einfluss machtvoller Ablenkungen gestanden hätten. *Wenn Sie so ganz und gar mit sich eins sind, erhalten Sie eine Ahnung von der natürlichen Ordnung, die hinter allen Dingen steht und sich unserer routinemäßigen Wahrnehmung entzieht.*

Wenn Sie im Einklang mit Ihrer Natur sind, scheinen sich Fälle von Synchronizität zu vervielfältigen. Es ereignen sich Dinge, die wie eine direkte Antwort auf Ihre Gedanken wirken, das Leben nimmt eine traumartige Qualität an. Die objektive Realität erscheint wie ein Wachtraum, der auf die Sehnsucht Ihrer Sinne reagiert. Sie denken beispielsweise ganz fest an jemanden, sodass er fast anwesend zu sein scheint. Im nächsten Augenblick ruft er Sie an. Wenn Sie »angeschlossen« sind, ist Ihr Timing unfehlbar. Diesen Zustand können Sie allerdings nicht festhalten – er kommt und geht.

Die schwarzen Löcher unseres Erinnerungsvermögens

An die schönsten Augenblicke unseres Lebens können wir uns oft nicht erinnern, weil unser Gedächtnis ein wirkliches Ereignis nicht speichern kann. Wir grübeln mehr über unbedeutende Dinge nach. Das Gedächtnis ähnelt einem Videoband, auf dem ein Geschehnis aufgezeichnet ist, das von vagen Gefühlen begleitet wird, die dem wirklichen Ereignis nur schwach ähneln. Wir können uns zwar daran erinnern, dass etwas geschah, aber wir können die wirkliche Erfahrung nicht wieder erschaffen.

Wir alle haben Augenblicke der Vollendung erlebt, in denen unsere innere Uhr anhielt und uns ein geradezu unwirkliches Gefühl von Schönheit überwältigte. Ob wir uns daran erinnern oder nicht, wir alle haben solche Zeiten erlebt. Tatsächlich sind unsere Erinnerungen an unsere Anfänge, an die Zeit von unserer Geburt bis zum vierten Lebensjahr, vor allem gerade deshalb so lückenhaft, weil wir die meiste Zeit davon in natürlichem, ehrfürchtigem Staunen verbracht haben.

Die meisten Erinnerungen bestehen aus Bildern der Vergangenheit, die sich immer und immer wieder abspulen, um uns vor potenziellen Gefahren für unser Überleben zu warnen. Einige sentimentale Erinnerungen trösten uns. Doch sie sind steril im Vergleich zu den Möglichkeiten des unmittelbar gegenwärtigen Augenblicks. Nur wenn wir unsere Erinnerungen in die richtige Perspektive rücken, können wir zu unserem normalen Leben zurückkehren, das aus reiner Freude besteht.

Vom Reichtum des Chaos

Wenn das ganze Leben in Ordnung zu sein scheint, bedarf es nur einer winzigen Veränderung, um alles wieder über den Haufen zu werfen. Wie wollen Sie nach einem Gipfelerlebnis weitermachen? Der nächste Schritt ist deshalb so wichtig, weil er die Bühne für Ihren nächsten Lebenszyklus festlegt. In diesem Sinne liegt in jedem Ende ein neuer Anfang. Wenn es so scheint, dass sich letztendlich alles gefügt hat, können Sie sicher sein, dass das Chaos nur knapp unter der Oberfläche lauert.

Jetzt ist Ihre Neugier auf ihrem Höhepunkt. Chaos ist genau die Erfahrung, die Sie suchen. *Chaos ist das höchste Stadium der Kreativität. Das Leben gerät außer Kontrolle, verblüffende neue Muster zeigen sich, und ein Gefühl des Staunens bestimmt den Augenblick.*
Chaos ist das Gegenteil von Anarchie. Wenn Sie dem Reichtum des Chaos begegnen, hat Ihr Verstand keine Zeit mehr, in Tritt zu kommen. Wie von Geisterhand fügt sich alles, Details regeln sich von selbst, Projekte werden fertig, ohne dass es dazu einer besonderen Anstrengung Ihrerseits bedürfte. In jedem Ende liegt ein Neubeginn. Und dieser Neubeginn steckt voller ungeahnter Möglichkeiten.
Oft sind es nicht die bedeutendsten oder begabtesten Menschen, denen Großes gelingt, sondern einfach jene, die ihr falsches Ego samt seiner tragikomischen Lebensauffassung überwinden. Nur durch wiederholte Zerstörung kann die Seele geboren werden. Immer wenn Sie zu einem höheren Grad von Ganzheit aufsteigen wollen, durchlaufen Sie einen kleinen Tod. Wenn Sie versuchen, diesen Tod zu umgehen, bleiben Sie in der Mittelmäßigkeit stecken. Sie müssen alles riskieren, wenn Sie Ihr Ego abstreifen und Ihre wahre Natur umarmen wollen.
Auf der Stufe des inneren Friedens besitzen Sie die Fähigkeit, mit dem Chaos umzugehen. Natürlich geht dabei irgendetwas schief, doch na und? Lassen Sie es einfach zu, und behalten Sie Ihr Gleichgewicht. Solange alles gut läuft, kann jeder die Ruhe bewahren. Doch *Meisterschaft liegt in der Fähigkeit, sich zu entspannen, wenn die Hölle losbricht. Einiges muss auseinander brechen und sich neu zusammensetzen – dies ist die Natur der Selbstorganisation.* Aus der Zerstörung folgt neue Ordnung. Lassen Sie sich auf die Krise ein. Wenn Sie Widerstand leisten, bleiben Sie stecken. Und gehen Sie mit Ruhe in die Krise hinein. Erinnern Sie sich stets daran, dass alles so, wie es ist, in Ordnung ist.

Selbstverwirklichung: das Leben als ein einziger wunderbarer Traum

Wenn Sie einen vollendeten Augenblick erleben, steht die Zeit still, und Sie begegnen dem Unendlichen. Alles, was geschieht, ist von Freude durchströmt – die Welt der Sorgen liegt weit hinter Ihnen. Sie haben sich aus der Höhle befreit und das Reich des Handelns mit seinen sieben Stufen des Unbekannten durchquert, um zu einem Leben Ihrer Träume zu finden. Jetzt müssen Sie nicht mehr länger ständig aktiv sein, um sich auf dem Gipfel der Welt zu fühlen.
Auf der Stufe der Selbstverwirklichung ist Ihnen das Erleben kreativer Ekstase vertraut. Kreative Ekstase ist die reine Freude an der Ausübung Ihrer Fertigkeiten. Endlich haben Sie das zu Ihrem Beruf gemacht, was Sie am besten können, und folgen ganz Ihrer Bestimmung und Mission. Seit Ihrer Kindheit waren Sie nicht mehr so glücklich. Und doch besteht ein großer Unterschied. Als Baby lebten Sie in vollkommener Seligkeit, doch Sie konnten weder denken, noch diese Erfahrungen anderen durch Sprache oder in Form von Kunst mitteilen. Damals war Ihre Lebendigkeit von der Aufmerksamkeit und Fürsorge anderer abhängig. Jetzt halten Sie die Schlüssel zu diesem Königreich in Ihren eigenen Händen. Jetzt bewegen Sie sich auf dem Territorium der Elite, jetzt können Sie Ihren wirklichen Beitrag für die Gemeinschaft der Menschen leisten. Denn jetzt bewegen Sie nicht mehr länger Ideen, sondern werden von ihnen bewegt, jetzt verschmelzen Sie mit Ihren Projekten, keine Stimmung mischt sich ein, kein innerer Dialog stört Ihre Wahrnehmung. Nahezu jeder Mensch erlebt solche Augenblicke kreativer Seligkeit. *Selbstverwirkli-*

chung ist der Gipfel eines großartigen Lebensstils. Jetzt ist der Moment gekommen, in dem Sie ganz und gar Ihren Traum leben.

Ein letzter Blick auf die Landkarte

Die Basis der Landkarte, die ich Ihnen mit auf den Weg gegeben habe, ist die Hierarchie menschlicher Bedürfnisse, die Abraham Maslow, einer der Begründer der humanistischen Psychologie, entwickelt hat. Ich habe auf seinen Ideen aufgebaut und sie erweitert, um zu zeigen, wie sich Menschen durch Stadien des Wachstums bewegen. Wenn Sie noch einmal die Landkarte im Kapitel »Wie Sie geboren wurden und wohin Ihr Weg Sie führte« betrachten, sehen Sie Maslows Hierarchie menschlicher Bedürfnisse in dem Dreieck in der oberen Körperhälfte der Figur. Ich habe Leonardo da Vincis Darstellung des menschlichen Körpers unterlegt, um zu zeigen, wie unsere menschlichen Bedürfnisse mit verschiedenen Ebenen unseres Körpers korrespondieren. Und als ich Maslows Beobachtungen der westlichen Psychologie neben das Kundalini-System der östlichen Philosophie stellte, erkannte ich, dass beide Systeme Beschreibungen eines Wachstumsprozesses waren. Ich erweiterte Maslows Skala auf sieben essenzielle Bedürfnisse, um die Korrelation zu verstärken. Es kam mir so vor, als stellten alle Systeme dieselben Muster des Wachstums dar.
Oberhalb des Dreiecks liegen die Stufen der Transzendenz. *Selbst verwirklichte Menschen bewegen sich auf sehr vielen verschiedenen Stufen, doch sie erfreuen sich eines leichteren Zugangs zu den Höhen, die man erlebt, wenn man seiner wahren Bestimmung folgt.*
Ich coache und trainiere Manager und andere Führungs-

personen mindestens 360 Tage pro Jahr. Die restlichen Tage dienen der Vorbereitung. Ich bin kein Workaholic, es ist vielmehr so, dass mein Körper innerlich vor Freude förmlich zu glühen beginnt, wenn ich Dialoge mit hochbegabten Menschen führe. Sogar Weihnachten mit meinen Kindern lässt sich nicht mit dem Gefühl des Erfülltseins vergleichen, das ich erlebe, sobald ich im Prozess des Coachings aufgehe. Ich bin der Dirigent, und Herz und Geist der Menschen sind die Instrumente eines Orchesters. Die Musik ist leise, doch man kann die Harmonien und Crescendos fühlen, wenn die Menschen ihre Visionen entfalten.

Transzendenz – jenseits der Begrenztheit durch Raum und Zeit

Transzendenz übersteigt alle Bedeutungen von Materie und Entfernung. Sie sind ein nicht-räumlicher Punkt aus Intelligenz, Sie sind leise Freude des Seins, ewig und unsterblich. Wenn Sie in kreativer Leidenschaft aufgehen, erkennen Sie Ihre wahre Natur und erfahren gleichzeitig Ihre Verbindung zur Natur noch tiefer. In diesem Zustand sind Sie genial und einfach zugleich. Es ist eine Erfahrung göttlicher Verzückung, es ist eine Vision. Picasso sagte, er werfe Bilder auf die Leinwand, die sich ihren Weg durch seinen Geist erzwungen hätten. Dies ist das Reich der Imagination. Unglücklicherweise hören Sie auf zu phantasieren, sobald Sie Ihr Denken gebrauchen, um sich etwas vorzustellen. Wenn Sie denken, funktioniert die Vorstellungskraft nicht mehr, dieser Raum ohne Denken ist reine Imagination. *Kreative Ekstase ist wie eine Geburt* – Kunst, Erfindungen, Strukturen und Systeme fließen in einem beständigen Strom aus Ihnen heraus. *Sie haben die Saat der Kreativität in sich getragen, sie ist in Ihnen gereift. Die Arbeit war lang und hart, doch dann wurde etwas geboren, das von unaussprechlicher Schönheit ist. Sie haben Ihr Lied, Ihre Stimme, Ihre Vision gefunden.*

Wenn Sie die Rollen, die Sie im Leben spielen, überwinden, erfahren Sie die Leichtigkeit des Seins. Was Sie von Augenblick zu Augenblick erleben, fühlt sich an wie ein Fließen. Sie gehen spazieren, doch dabei stellen Sie fest, dass Sie nicht wirklich gehen. Es kommt Ihnen vielmehr so vor, als ob Sie stillstehen würden und die Welt um Sie herum an Ihnen vorbeiziehen würde. Sportler und Künstler betreten diese Zone oft. Ein Läufer, der sein High erlebt, hat das Gefühl, dass sein Körper durch den Raum fliegt, Beine und Arme bewegen sich zwar, doch das geschieht alles automatisch. Sie sind nicht in Ihrem Körper. In Ihrer Wahrnehmung sind Sie ein Muster aus Licht, das durch Muster aus Licht fließt. Die Muskeln arbeiten anstrengungslos, und Ihr Geist unterhält Sie mit erstaunlichen Demonstrationen von Klarheit und Humor.

Es ist schwer, einem Menschen, der in seine gewohnheitsmäßige Routine verstrickt ist, zu erklären, was Transzendenz ist. Das ist genauso, als wolle man jemandem, der niemals Curry probiert hat, versuchen zu beschreiben, wie dieses Gewürz schmeckt. Ich will es dennoch versuchen: Sie sind ganz einfach völlig präsent und fühlen sich lebendiger als jemals zuvor, und doch ist alles ganz einfach, nichts ist besonders. Vielleicht waren Sie anfangs darüber erstaunt. Doch dann ereignete sich ein Wunder nach dem anderen. Doch noch mehr Begeisterung oder Freude passte einfach nicht mehr in Ihren Körper hinein, er war schon ganz und gar davon angefüllt. Dabei ist der Geburtsprozess in diesen Zustand kreativer Leidenschaft hinein nicht notwendigerweise erfreulich, er ist vielmehr anstrengend und aufregend. In einem

Atemzug erkennen Sie die Grausamkeit und Unachtsamkeit des zwischenmenschlichen Umgangs, doch im nächsten schon müssen Sie erkennen, dass Sie kein Jota besser sind. Gier, Kleinlichkeit und Scheinheiligkeit sind leider Eigenschaften, mit denen auch Sie alle zu tun haben – kein Mensch ist immun.
Die Illusionen lösen sich auf. Das Leben hat keine besondere Bedeutung. Es gibt kein Leben nach dem Tod, so, wie Sie es sich vorgestellt hatten. Lieb gewonnene Glaubenssätze gesellen sich zum Klapperstorch, zu Sankt Nikolaus und anderen Ammenmärchen Ihrer Enzyklopädie wunderbarer Phantasien. Alles, was Sie fühlten, dachten und für die tiefste Wahrheit gehalten hatten, sehen Sie jetzt als wunderbare Mythen, die ein furchtsames Kind trösten sollen. Lachen bricht aus Ihnen heraus. Der gegenwärtige Augenblick ist so kostbar. Und gleichzeitig wiederum ist er es auch nicht. Und genau darin liegt die Schönheit.
In östlichen Kulturen wird Transzendenz durch strenge Meditationspraktiken erreicht. Wir westlichen Menschen gelangen in diese sublimen Gefilde durch unseren Dienst am Nächsten. Wir schaffen uns unseren Wert, indem wir zum Wohl der Gemeinschaft beitragen. Ihre wahre Berufung wird Ihnen Ihren Lebensunterhalt sichern. Doch was noch viel wichtiger ist: Ihre wahre Berufung wird Ihr Leben in eine göttliche Perspektive stellen.

Wie Sie den kreativen Fluss bewahren können

Wenn das alles für Sie ganz einfach klingt, denken Sie noch einmal nach. Der Zustand kreativer Leidenschaft erfordert einige rigorose Prozeduren. Zum Beispiel bedarf er des Feedbacks wohlmeinender Kollegen, um die

Türen der Kreativität offen zu halten. Umgeben Sie sich daher mit geradlinigen Menschen, die Ihre Genialität herausfordern und Ihre Kreativität schützen. Leben Sie das Leben Ihrer Träume. Gehen Sie all Ihre Phantasien durch, um die verborgene Wahrheit hinter ihnen zu entdecken. Zwingen Sie auch andere hinein in den Dienst am Nächsten, damit sie teilhaben können an dem wunderbaren Gefühl, damit Großes zu erreichen.

Feiern Sie Feste, sooft Sie können. Lernen Sie, wie Sie Ihre Freude bewahren können und welche Umgebungen und Aktivitäten Ihre Vitalität erwecken.

Abraham Maslow hat einige Eigenschaften ausbalancierter, erfüllter Individuen beschrieben, deren Beiträge zur Geschichte der Menschheit aus Biographien von Menschen flossen, die sich durch einen prononcierten Charakter und die Umsetzung der ihnen gegebenen Fähigkeiten auszeichneten. Sie kennen diese besonderen Eigenschaften bereits aus dem Kapitel »Sie sind nicht der Mensch, für den Sie sich halten«, Unterkapitel »Dies Bildnis ist bezaubernd schön: der selbst verwirklichte Mensch«, in Teil I des Buches. Blättern Sie zurück, und lassen Sie sich davon überraschen, welch neue Bedeutung dieses Kapitel für Sie inzwischen angenommen hat!

Vierdimensionale Wahrnehmung

Die vierdimensionale Wahrnehmung besteht in Zeitlosigkeit. Als ich meine Mentoren traf, war ich überrascht, dass sie ein Leben ohne Uhr führten. Sie schliefen, wann sie wollten, und sie wachten auf, wenn sie sich ausgeruht fühlten, und sie lebten insgesamt so, wie es ihnen gerade gefiel.

Große Sportler erleben ihre Gegner in Zeitlupe. Große Musiker hören die Aufführung ihrer Musik, während sie

diese erst komponieren. Rückwärts und vorwärts wird uninteressant. Alles geschieht zugleich in diesem einen Moment.
Als ich aufhörte, nach der Uhr zu leben, drehte sich die Welt dennoch weiter. Keiner vermisste meine Teilnahme an dem rasenden Tempo der Gesellschaft. Es war genauso einfach, meinem eigenen Stundenplan nachzugehen, wie einem Schritttempo zu folgen, das mir von anderen diktiert wurde.
Im Geschäftsleben geht es um das richtige Timing, darum, zur richtigen Zeit am richtigen Ort zu sein. Wenn es aber keinen Anfang, keine Mitte und kein Ende der Zeit gibt, fließen Sie einfach mit Ihren Impulsen mit. Die natürliche Anziehungskraft verbindet Sie mit Menschen und Ereignissen, die auf demselben kreativen Kanal leben wie Sie.

Kurzer Rückblick auf das Thema Leid

In Zeiten großer historischer Veränderungen scheinen selbst verwirklichte Menschen den Löwenanteil an Herausforderungen abzukriegen. Die gescheitesten Menschen sind von Kriegen und Hungersnöten genauso betroffen wie alle anderen auch. Doch sie reagieren in anderer Weise darauf.
Maslow stellte fest, dass Menschen sich oft durch Tragödien selbst verwirklichen. Lernen Sie daher, die besten wie die schlimmsten Zeiten anzunehmen. Wenn Sie vom Leben zerschmettert werden, leisten Sie keinen Widerstand. Wenn Sie versuchen, den Prozess zu vermeiden oder abzukürzen, wird das Leiden dadurch nur größer.
Erfolgreiche Menschen sehen Krisen anders. Sie betrachten Probleme als Wendepunkte und verwenden sie als Treibstoff für Veränderung.

Schreckliche Tragödien zerstören die meisten Menschen. Doch die großen Gestalten in der Geschichte der Menschheit sind jene, die die schlimmsten Zeiten durchgestanden haben, um dadurch ein Potenzial zu gewinnen, das sonst niemals erblüht wäre. Studieren Sie die Biographien erfolgreicher Menschen. Sie alle sind durch intensive Krisen gegangen. Bevor Sie Erfolg haben können, müssen Sie scheitern. *Sie müssen die dunkle Seite Ihrer Natur umarmen. Unter den passenden Umständen wären Sie in der Lage, jede nur vorstellbare Sünde zu begehen. Daher ist es besser, Ihre ganze Natur zu kennen, dies hält Sie davon ab, selbstgerecht zu werden.*
Es ist schwer, sich selbst zu befreien. Es ist noch ungleich viel schwerer, diese Freiheit zu bewahren. Sie zu bewahren bedarf eines gewissen Quäntchens Glück. Und Glück ist das, was geschieht, wenn Vorbereitung auf eine Gelegenheit trifft...

Schlussbemerkung

Zum Abschluss empfehle ich Ihnen, dieses Buch noch einmal von vorn zu lesen. Sie werden erstaunt sein, wie viel mehr Tiefe Sie jetzt darin erkennen werden. Beim zweiten Lesen könnte es sein, dass Sie ganz neue Informationen entdecken, als wäre das Buch ein zweites Mal geschrieben worden.

Sollten Sie neugierig geworden sein auf »What to do with the rest of your life«™ oder ein anderes meiner Seminare, hier die Kontaktadresse in Deutschland:

Sage Innovations GmbH
Werinherstraße 45
81541 München
Tel. 089 649649-0
Fax: 089 649649-18
Internet: www.sageinnovations.de